일곱 가지 이적을 통해 만나는 예수

일곱 가지
이적을 통해 만나는
예
수

지 혁 철 지음

하나님 나라를 소망하는 삶을 가르쳐주신
지창오 장로님과 유재순 권사님께 드립니다.

목차

들어가는 글

"예수는 누구인가?" 인류에게 던져진 수많은 질문 중 이 질문만큼 무겁고 중요하고 시급한 질문은 없습니다. 이유는 당황스러울 만큼 단순합니다. 예수가 자기 이름에 부나 명예, 건강과 장수 혹은 성공을 약속하지 않았기 때문입니다. 그런 것이라면 굳이 예수가 아니어도 얼마든지 얻을 수 있고, 누릴 수 있습니다. 그리스도인이라면 이미 알고 계신 것처럼 예수는 자기 이름에 생명을 걸어 놓았습니다. 단순한 생명이 아니라 하나님의 생명입니다.

자기 이름에 신적인 생명을 약속한 사람은 역사를 통틀어 예수가 유일합니다. 평범한 사람이 이런 약속을 했다면 거들떠보지도 않을 것입니다. 굳이 말하지 않아도 말도 안 된다는 것을 누구나 알기 때문입니다. 인류 역사에 지울 수 없는 발자취를 남긴 사람이 이런 약속을 했다고 해서 달라질 것은 없습니다. 소크라테스, 공자, 석가는 물론 아인슈타인이나 스티브 잡스까지 그들이 실로 대단한 사람이지만, 죽음을 피하지 못했습니다. 자신도 죽음을 피하지 못한 사람이 어떻게 감히 다른 사람에게 영원한 생명, 신적인 생명을 약속할 수 있단 말입니까. 위대한 사람일수록 애초에 이런 약속을 할 엄두조차 내지 않습니다. 자기가 누군지 안다는 사실은 그들이 위대한 이유 중 하나일지도 모릅니다. 예수는 도대체 누구이기에 감히 그 누구도 하지 못한 약속을 이렇게나 단순하고 거침없이 선포하신 걸까요? 미치광이가 아니라면 진짜일 수밖에 없습니다.

인류는 예수를 4대 성인 중 한 명으로 꼽습니다. 인류 역사에 예수만큼 뚜렷한 흔적을 남기신 분이 없기 때문입니다. 예수께서 이 땅을 거니실 동안 보이신 행적과 가르침을 보면 예수를 기점으로 세상이 달라졌다는 것을 발견할 수 있습니다. 결론은 분명합니다. 최소한 예수는 미치광이일 수는 없습니다. 그렇다면 예수가 참으로 하나님의 생명을 약속할 수 있는 분이라는 쪽으로 무게 중심을 옮겨가야 하는지 질문이 생깁니다. 예수가 누구인가? 라는 질문에 어떤 대답을 하느냐에 따라 하나님의 생명에 참여할 수도 있고, 그 생명에서 떨어져 나갈 수도 있다는 말입니다. 생각하면 생각할수록 예수가 궁금합니다. 도대체 예수는 누구일까요?

다행이라고 할까요? 우리에게는 예수를 직접 눈으로 보고 손으로 만진 증인과 그가 남긴 기록이 있습니다. 바로 예수의 제자 요한입니다. 예수가 누구인지 알려줄 사람으로 요한을 꼽아야 한다면 우선 요한이 누구인지, 믿을 만한 사람인지 알아야 합니다. 요한은 예수를 가장 가까이에서 지켜보았던 예수의 사랑을 받는 제자였습니다. 그는 예수의 제자로 부름을 받은 이후 예수와 함께 지냈습니다. 예수께서 행하시는 일을 목격했고, 예수께서 가르치신 말씀을 들었습니다. 그가 신뢰할 만한 저자라고 생각해도 좋을 빼놓을 수 없는 장면도 있습니다. 요한은 베드로, 야고보와 함께 다른 제자들은 보지 못한 사건을 여러 번 목격했습니다.

변화 산에서 예수께서 영광스러운 모습으로 변하셨을 때(마 17:1), 예수께서 죽은 회당장 야이로의 딸을 살리셨을 때(눅 8:51), 예수의 공생애 사역에서 가장 중요한 순간이라고 할 수 있는 겟세마네 동산에서 피땀을 흘리시며 기도하셨을 때(막 14:33)도 요한은 예수와 함께 있었습니다. 어떤 이유에서 요한이 이런 특권을 누리게 됐는지는 여러 가지로 추측할 수 있습니다. 여기서 우리가 주목하려는 것은 그 이유가 아니라 요한이 그 누구보다 가장 가까이에서 가장 오랫동안 예수를 지켜본 예수의 목격자며 신뢰할 수 있는 저자라는 사실입니다. 그는 자신이 영감을 받아 기록한 요한일서에서 예수에 관해 이렇게 말했습니다.

> 이 글은 생명의 말씀에 관한 것입니다. 이 생명의 말씀은 태초부터 계신 것이요, 우리가 들은 것이요, 우리가 눈으로 본 것이요, 우리가 지켜본 것이요, 우리가 손으로 만져본 것입니다. 이 생명이 나타나셨습니다. 우리는 그것을 보았습니다. 그래서 우리는 이 영원한 생명을 여러분에게

요한은 예수를 보았고 손으로 만졌습니다. 예수가 누구인지 증언할 최고의 자격을 갖춘 사람이 바로 예수의 사랑받는 제자 요한입니다. 시간이 가면서 그는 예수에 관해 증언하고 선포해야 할 일종의 책임과 사명이 있다는 것을 깨달았던 것처럼 보입니다. 그 이유 역시 단순합니다. 예수를 눈으로 보고 손으로 만진 사람은 소수에 지나지 않습니다. 가까이에서 예수와 함께 지낸 사람은 더 소수입니다. 이 두 가지 조건을 충족하는 사람은 지극히 소수이기 때문일 것입니다. 요한은 자신이 주목하고 손으로 만져본 예수를 증언하는 것을 하나님의 뜻이요, 하나님의 부르심으로 받아들였습니다.

신뢰할 만한 저자 요한은 자신이 만난 예수가 누구인지 보여주고 가르쳐주기 위해 요한복음을 기록했습니다. 아무렇게나 기록할 수가 없었을 것입니다. 이미 마태, 마가, 누가복음이 있었고, 사도 바울의 기록도 있었습니다. 그는 자신만이 증언할 수 있는 예수를 증언하기 위해 신중에 신중을 기했을 것입니다. 다른 복음서와 차별성도 간과할 수 없었을 것이라 생각합니다. 요한은 자신이 목격한 예수가 누구인지 알려주기 위해 예수께서 행하신 수많은 기적 중 일곱 가지를 선별했습니다. 그는 이 일곱 가지 기적을 말할 때 '세메이온(σημεῖον)'이라는 단어를 사용했습니다. 이 단어를 영어 성경에서는 사인(Sign)으로 번역했습니다. 예수께서 행하신 일곱 가지 기적이 무언가를 보여주는 세메이온(사인)이란 뜻입니다.

우리말로는 표지 또는 표징, 혹은 표지판으로 번역할 수 있습니다. 저는 이 책에서 일곱 가지 세메이온을 '표지판'이라는 단어로 표현했습니다. 표지판이 이 시대를 사는 우리에게 익숙하기 때문입니다. 표지판을 가장 많이 만나는 곳은 고속도로입니다. 고속도로를 달리다 보면 도시 이름을 알려주는 표지판, 국립공원을 보여주는 표지판, 공사 표지판, 미끄럼주의 표지판, 반가운 휴게소 표지판 등 여러 가지 표지판을 볼 수 있습니다. 표지판은 실제가 아닙니다. 우리는 그 표지판을 보면서 표지판보다 무한히 크고 아름다운 실제를 떠올리고 상상합니다. 표지판은 바로 그 일을 위해 존재합니다. 요한이 선별한 일곱 가지 이적의 기능도 정확하게 이와 같습니다.

요한이 일곱 가지 이적을 선별했다는 점도 주목할 만합니다. 성경에 있어 일곱이라는 숫자는 완전, 완벽, 충분이라는 의미가 있습니다. 요한이 예수께서 행하신 일곱 개의 표지판을 통해 예수를 충만하고 완전하게 보여주려 했다고 보아도 좋을 것입니다. 요한이 신중하게 선별해서 기록한 일곱 가지 표지판을 통해 충만하고 완전하게 보여주려고 한 예수는 누구일까요? 요한복음 20장 31절에서 그 대답을 찾을 수 있습니다.

> 오직 이것들을 기록하는 것은 너희들이 예수께서 그리스도이시며, 하나님의 아들이심을 믿게 하려는 것이요, 또 너희로 믿고 그분의 이름을 힘입어 생명을 얻게 하려는 것이다. (요 20:31, 바른 성경)

저자 요한의 저작 의도에 비추어 본다면 일곱 개의 표지판을 선별해서 기록한 이유는 예수가 성경이 약속한 그 메시아라는 진리와 예수가 하나님의 아들이라는 진리를 보여주기 위함입니다. 한 걸음 더 나아가 요한은 하나님의 아들 예수를 믿고 예수의 이름을 힘입어 하나님의 생명을 얻게 하려고 이 책을 기록했습니다. 요한은 요한복음의 저작 의도를 분명히 밝혀주었습니다. 그러므로 요한의 의도에 보조를 맞추어 일곱 가지 표지판이 가리키는 예수를 찾아가는 일은 요한복음을 읽고 묵상하는 첫 번째 단추이자 가장 중요한 일일 것입니다.

말씀드린 것처럼 표지판은 실제가 아닙니다. 국립공원 표지판은 국립공원의 크기와 아름다움과 그 안에 풍성한 생명을 조금도 담아내지 못합니다. 표지판에 비해 실제는 무한히 크고 아름답고 신비롭습니다. 요한이 제시한 일곱 가지 표지판도 다르지 않습니다. 일곱 가지 표지판은 그 자체로 몹시 충격적이고 놀라운 표지판임에는 틀림이 없지만, 그 표지판이 가리키는 하나님의 아들 예수와는 비교할 수 없습니다.

표지판의 역할은 실제를 가리키고, 기대감을 불러일으키고, 상상력을 자극하여 실제를 향해 가게 하는 데 있습니다. 그렇습니다. 요한이 제시한 일곱 가지 표지판을 톺아보면 예수가 누구인지 상상할 수 있습니다. 일곱 가지 표지판은 예수를 향한 소망과 기대감을 갖게 합니다. 그뿐만 아니라 이 일곱 가지 이적이 가리키는 예수를 찾아가다 보면 예수를 아는 지식이 자랄 수밖에 없습니다. 예수 아는 지식이 가장 고상하다고 고백한 바울의 마음을 이해할 것입니다. 무엇보다 요한이 의도한 것처럼 예수가 하나님이 약속하신 그리스도라는 것을 알고 예수를 믿어 예수의 이름으로 새로운 시대의 생명, 하나님의 생명에 참여하는 사람으로 변할 것입니다.

한 가지 보너스 같은 일이 남았습니다. 고속도로를 운전하다 보면 힘들고 지칠 때가 있습니다. 그때 만나는 휴게소 표지판은 그 힘들고 피곤한 순간을 이기게 하는 힘을 제공합니다. 예수의 증인 요한이 제공한 일곱 개의 표지판도 그와 같은 역할을 합니다. 그리스도인으로서 세상을 살아가기란 결코, 쉽지 않습니다. 세상 속 그리스도인으로 살아가다 보면 힘들 때가 있고, 지칠 때가 있습니다. 바로 그때 요한이 제시한 일곱 가지 이적을 주목한다면 낯설고 당혹스러운 세상에서도 믿음의 길을 완주할 힘과 동력을 얻을 것입니다. 일곱 가지 표지판을 통해 우리보다 앞서 험한 세상을 살아내고 걸어내신 예수, 우리와 함께 계신 예수를 바라보게 될 테니까요.

1.
첫 번째 표지판

요한복음 2:1-11

옛 시대를 걷어치우고 새 시대를 여신 예수를 보여 주다

이스라엘의 기후를 생각하다

　예수께서 물로 포도주를 만드신 첫 번째 이적을 바르게 이해하려면 먼저 이스라엘의 기후와 문화를 이해해야 합니다. 이스라엘의 기후는 크게 건기와 우기 두 가지 기후로 나눌 수 있습니다. 10월 중순부터 4월 초순까지가 우기이고 4월 중순부터 10월 중순까지가 건기입니다. 건기 동안에는 기후 이상이 아니면 한 방울의 비도 오지 않는다고 합니다. 6개월은 비가 오고 6개월은 비가 오지 않는다고 이해하면 좋습니다. 간단해 보이지만, 간단한 문제가 아닙니다. 21세기 대한민국 땅에 3개월 정도만 비가 오지 않아도 난리가 납니다. 만약 6개월 동안 비가 오지 않는다면 어떤 일이 일어날까요? 국가적 재난을 선포하고 물을 아껴 써야 한다는 광고가 끊이지 않을 것입니다. 하물며 2000년 전 이스라엘은 더 말할 것도 없이 무척 힘든 시간이었을 겁니다.

　'호산나'라는 말은 '우리를 구원하소서'라는 뜻의 히브리 단어입니다. 단어가 가진 뜻 때문에 적들에게서 우리를 구해달라는 의미로 생각하기 쉽지만, 이스라엘 사람들은 이 단어를 건기의 끝자락에 있는 초막절 마지막 날 행사 때(초막절은 건기의 끝자락, 다시 말해 갈증으로 타들어 가는 절정에 있는 절기입니다) 주로 사용했습니다. 이스라엘 기후와 문화 배경에 비추어 본다면 '호산나'라는 단어는 '하나님 우리에게 물이 필요합니다. 비를 내려주십시오. 비를 주시지 않으

면 저희는 죽을 수밖에 없습니다. 비를 내려 우리를 구원하소서.'
라는 부르짖음을 담은 단어라고 보아도 좋습니다.

예수께서 행하신 첫 번째 이적을 말하면서 이스라엘의 기후를
이야기한 이유가 있습니다. '포도' 때문입니다. 이스라엘에서 포
도를 수확하는 시기가 언제일까요? 놀랍게도 8월과 9월 사이입니
다. 오랜 건기의 끝자락 물을 찾아보기 힘든 순간에 포도가 영글
어갑니다. 오랜 건기의 끝자락에 영글어가는 포도는 그 자체로 기
적이며, 기쁨입니다. 갈증에 시달리던 사람들이 이제 달콤한 포
도와 포도주를 얼마든지 먹고 마실 수 있습니다. 얼마나 행복하고
얼마나 기뻤을지 짐작할 수 있습니다. 이처럼 이스라엘의 기후에
비추어 보면 포도는 단순한 열매가 아닙니다. 포도는 기쁨과 즐
거움을 넘어 생명을 상징하는 열매입니다.

이렇게 기후에 비추어 보니 물로 포도주를 만드신 이적을 표지
판 삼아 보여주려는 것이 어딘지 예사롭지 않습니다. 게다가 예수
께서 처음으로 행하신 이적이 바로 물로 포도주를 만드신 이적입
니다. 첫 번째 이적이라는 사실 자체가 담고 있는 상징성이 있습
니다. 요한복음을 읽을 때마다 궁금했습니다. 많고 많은 이적 중
에서 예수께 첫 이적으로 물로 포도주를 만드신 이유가 있을까?
만약 그렇다면 그 이유는 무엇일까? 라는 질문을 떨치기 어려웠
습니다. 친절한 안내자이자 충성스러운 증인인 사도 요한은 첫 번

째 이적에 이미 그 대답을 담아 놓았습니다. 요한이 이 첫 번째 이적을 표지판 삼아 보여주려고 한 예수가 어떤 분이신지 살펴보면 그 대답까지 손에 쥘 수 있습니다. 물로 포도주를 만드신 이 표지판이 보여주는 것은 무엇일까요? 이 사건이 일어난 말씀 속에서 그 대답을 찾아보겠습니다.

잃어버린 기쁨

어린 시절 제가 자란 시골에서는 결혼 잔치를 보통 이틀에 걸쳐 열었습니다. 멀리서 오는 친인척을 위한 배려였습니다. 그 이틀 동안은 온 동네가 시끌벅적했습니다. 식사 때면 너나 할 것 없이 잔칫집으로 가서 밥을 먹었습니다. 마을 아이들에게 결혼 잔치는 평소에 먹지 못하는 음식을 마음껏 먹을 수 있는 축제의 장이었습니다. 친구들과 저는 각기 콜라나 환타와 같은 탄산음료 한 병을 손에 쥐고, 입에 물고 돌아다녔습니다. 지금은 흔하지만, 그때 탄산음료는 결혼식이나 장례식에서만 마실 수 있는 귀한 음료였습니다. 만약 저처럼 시골에서 자라신 분이라면 어린 시절 시골 마을에서 열리는 결혼 잔치가 얼마나 행복한 순간이었는지 충분히 이해하실 것입니다.

본문 배경이 결혼 잔치입니다. 동서고금을 막론하고 가장 풍성하고 행복한 결혼 잔치가 열린 날입니다. 유대인들에게 있어 결혼식은 말 그대로 성대한 잔칫날이었습니다. 유대인들은 보통 일주일 동안 결혼 잔치를 열었습니다. 이스라엘의 결혼 잔치에 비교하면 옛날 우리나라 결혼 잔치는 명함도 내밀 수 없는 대단한 축제의 장이었습니다. 유대인의 결혼식에서 기쁨의 상징이자 축제의 분위기를 한껏 돋우는 포도주는 절대로 빠질 수 없는 필수품이었습니다. 마치 남도의 잔칫집에 홍어가 빠질 수 없고, 제가 자란 통영에서 머릿고기와 잡채가 빠질 수 없는 것처럼 말이지요. 결혼 잔치를 앞둔 혼주는 미리 포도주를 넉넉하게 준비합니다. 행여나 부족할 것 같다 싶으면 이웃의 포도주를 사서라도 충분하게 준비해 놓습니다. 일주일간의 결혼 잔치를 더 풍성하고 아름답게 만들기 위한 최소한의 노력이었습니다.

저자 요한은 결혼 잔치에 포도주가 떨어졌다는 사실을 알려줍니다. 결혼 잔치에 포도주가 떨어진 것은 가벼운 일이 아닙니다. 이스라엘 결혼 전통에 따르면 결혼 잔치 마지막 순간에 신랑이 신부 앞으로 가서 무릎 꿇고 포도주가 담긴 잔으로 프러포즈합니다. 그 잔을 받아 마시면 정혼 관계가 되고, 그 잔을 거절하면 파혼입니다. 포도주가 떨어졌다는 것은 결혼 잔치의 대미를 장식할 프러포즈에 사용할 포도주마저 없다는 뜻일 수도 있습니다. 치명적입니다. 결혼 잔치는 물론 결혼식 자체가 엉망이 될 수밖에 없습니다. 손님들에게는 모욕이요, 혼주를 비롯한 결혼 당사자에게는 치욕입니다.

혼돈과 수치로 뒤덮일 수밖에 없는 바로 그 시간 그 자리에 예수께서 서 계십니다. 요한은 예수를 기점으로 이 당혹스럽고 혼란스러운 상황이 전혀 다른 국면으로 변하는 것을 보여줍니다. 이 사실은 예수를 기점으로 옛 시대와 새 시대로 구분된다는 점과 일맥상통합니다. 이런 맥락에서 보면 이 당혹스러운 상황은 율법에 얽매인 옛 시대를 보여준다고 말할 수 있습니다. 이 사건을 과연 이런 시각으로 볼 수 있을까요? 본문을 살펴보면 옛 시대를 상징하는 일이 계속해서 나온다는 사실을 알 수 있습니다. 더 나아가 예수께서 전혀 새로운 세상을 여신다는 사실도 발견할 수 있습니다. 억지스럽지 않습니다. 본문에 나타난 옛 시대를 보여주는 이미지와 상징을 계속해서 찾아보겠습니다.

빼앗긴 생명

사람은 물이 없으면 생존할 수 없습니다. 6개월에 걸친 길고 긴 건기는 죽음을 경험하는 시간과 같습니다. 건기의 끝자락 이제 마실 물이 없어 생명의 위협을 느끼는 바로 그때 수확하는 포도는 생명수와 같습니다. 이 관점을 가지고 다시 이 사건이 일어난 결혼 잔치를 주목해야 합니다. 동서고금을 막론하고 결혼은 새로운 생명이 탄생하는 통로입니다. 유대인에게 포도주는 단순한 음료가 아니라 생명과 직결된다고 말씀드렸습니다. 결혼 잔치에서 생명과 같은 포도주가 떨어졌습니다.

생명이 탄생하는 통로인 결혼 잔치에서 생명을 상징하는 포도주가 떨어진 것입니다. 이 의미를 생각한다면 이 사건은 단순한 결핍이 아니라 생명의 결핍이라는 사실을 알 수 있습니다. 다시 말해 결혼 잔치에서 포도주가 떨어진 이 상황은 생명의 근원이신 하나님에게서 분리되어 생명을 잃어버린 인류의 상황을 고스란히 반영한다고 해석할 수 있습니다. 이 관점과 해석을 따라 요한복음 10:10 말씀을 읽어보면 예수께서 왜 결혼 잔치에 계셨는지, 왜 첫 번째 이적으로 물로 포도주를 만드셨는지 알 수 있습니다.

> 도둑은 다만 훔치고 죽이고 파괴하려고 오는 것뿐이다. 나는, 양들이 생명을 얻고 또 더 넘치게 얻게 하려고 왔다. (요 10:10, 새번역)

예수께서는 도둑은 훔치고 죽이고 파괴하려고 온다고 말씀하셨습니다. 구약 성경은 도둑이 이미 왔다고 말합니다. 사탄입니다. 도둑처럼 몰래 잠입한 사탄은 훔치고 죽이고 파괴했습니다. 생명을 빼앗아 갔습니다. 이렇게 보니 결혼 잔치에서 포도주가 떨어진 사건이 에덴동산에서 있었던 사건의 본질과 정확하게 일치합니다. 요한이 기록한 첫 번째 이적이 생명의 결핍이 일어난 아담과 하와의 선악과 사건까지 거슬러 올라간다는 것을 알 수 있습니다. 이처럼 물로 포도주를 만드신 예수의 첫 번째 이적은 구약 성경 전체를 아우르면서 죽음이 지배하는 옛 세상을 종식하고 새로운 세상을 여신 예수를 보여주고 가리키는 표지판의 역할을 합니다. 정말 그렇게 볼 수 있을까요? 너무 과한 것은 아닐까요? 계속해서 요한을 따라가면서 대답을 찾아보겠습니다.

사라진 안식

요한이 기록한 이 표지판을 제대로 이해하기 위해서 '날'에 맞추어 이 표지판을 톺아보아야 합니다. 먼저 요한복음 1장을 보십시오. 요한은 "태초에 '말씀'이 계셨다. 그 '말씀'은 하나님과 함께 계셨다. 그 '말씀'은 하나님이셨다(새번역)."라고 선포합니다. '태초'라는 단어로 시작하는 요한복음 1장은 '태초'라는 단어로 시작하는 창세기 1장을 떠올리게 합니다. 사도 요한은 치밀한 구성을 통해 물로 포도주를 만드신 표지판이 창세기와 연결되어 있다는 것과, 특히 에덴동산에서 일어난 선악과 사건과 긴밀하게 연결되어 있다는 것을 보여줍니다.

계속 요한의 안내를 따라가 보겠습니다. 요한복음 1장을 보면 '이튿날'이라는 단어가 주기적으로 나옵니다(1:29, 35, 43). 이튿날이란 한 단어를 반복해서 중요한 무언가를 가리키고 있다는 뜻입니다. 요한이 반복해서 사용한 '이튿날'이라는 단어를 따라 날짜를 셈해 보면 요한복음 1:19~51 말씀이 총 나흘에 걸쳐 일어난 기록이라는 것을 발견할 수 있습니다(19~28, 29~34, 35~42, 43~51). 2장을 시작하면서 요한은 '사흘째' 되던 날에 갈릴리 가나에 결혼 잔치가 있었다고 밝힙니다. 계산해 보면 결혼 잔치에서 포도주가 떨어진 사건은 1:19에서 시작해서 7일째 되던 날에 일어난 사건임을 알 수 있습니다.

가나 결혼 잔치가 7일째에 있었다는 사실은 천지창조 사역을 마치신 다음 날인 안식일을 떠올리게 만듭니다. 실제 결혼 잔치가 안식일에 있었다고 특정할 수는 없지만, 요한이 제시한 날짜를 따라가면 이 사건을 안식일과 연결하는 것이 자연스럽습니다. '안식일'에 초점을 맞추고 이 사건을 보아도 좋다는 의미입니다. 이렇게 연결해 보면 결혼 잔치에 포도주가 떨어진 사건은 안식, 다시 말해 샬롬이 깨진 상황과 닮았습니다.

창세기를 통해 알 수 있듯이 아담이 죄를 범하면서 기쁨과 안식과 생명이 사라졌습니다. 요한은 '이튿날'과 '사흘째 되던 날'이라는 단어를 사용해서 결혼 잔치에서 포도주가 떨어진 그날을 인류에게 기쁨과 안식과 생명이 사라진 사건과 의도적으로 연결해 놓았습니다. 결혼식에서 포도주가 떨어진 사건을 참된 안식과 만족, 쉼을 잃어버린 옛 시대의 모습으로 연결한 것입니다. 이 관점에서 포도주가 떨어진 사건을 보면 그간 보이지 않았던 것이 보이기 시작합니다. 예수께서 안식이 깨지고, 증발한 곳에 서 계신 모습입니다. 이렇게 보면 예수께서 그렇게 안식일에 병자를 고치신 이유도 어느 정도 짐작할 수 있습니다. 이 관점에서 본다면 물로 포도주를 만드신 이적은 마태복음 11:28 말씀과도 정확하게 연결됩니다.

> 고생하며 무거운 짐을 지고 허덕이는 사람은 다 나에게로 오너라. 내가 편히 쉬게 하리라. (마 11:28, 공동 번역)

다시 요한복음으로 돌아가겠습니다. 세상에서 가장 행복하고 즐거운 결혼 잔치였습니다. 시작은 훌륭했습니다. 기쁨이 있었고, 안식을 누렸고, 생명력이 넘쳤습니다. 얼마 지나지 않아 포도주가 떨어졌습니다. 기쁨을 잃어버렸고, 생명을 빼앗겼으며, 안식이 사라지고 말았습니다. 가나에 있었던 결혼 잔치에서 포도주가 사라진 사건은 옛 시대의 모습과 정확하게 일치합니다. 치밀한 저자 요한은 이 치명적인 사건 앞에 우리를 세운 뒤, 우리로 하여금 질문하게 만듭니다. 과연 누가 우리에게 하나님의 기쁨과 생명을 회복시켜 줄 것인가? 빼앗긴 안식과 샬롬을 과연 누가 회복하게 할 것인가? 누가 옛 세상을 걷어치우고 새로운 세상을 열어젖힐 것인가? 라는 질문입니다.

요한은 우리의 질문과 우리의 시선을 그 사건 한 가운데 서 계신 예수에게로 가져갑니다. 그는 물로 포도주를 만드신 첫 번째 이적을 표지판 삼아 우리가 던진 질문에 대답합니다. 예수야말로 옛 세상을 걷어치우시고, 기쁨의 생명, 안식과 샬롬으로 가득한 새로운 세상(하나님 나라)을 열어젖히신 하나님의 아들이라고 말입니다.

하나님 나라를 시작하신 예수

요한복음 2장은 두 가지 이야기로 구성되어 있습니다. 첫 번째는 가나 결혼 잔치에서 물로 포도주를 만드신 사건이며, 두 번째는 성전 청결 사건입니다. 별 상관이 없을 것 같은 두 이야기를 한 장에 묶어놓았습니다. 사도 요한이 굉장히 치밀한 저자라는 점을 생각한다면 아무 생각 없이 이 두 사건을 한 장에 묶어 놓지는 않았다고 보아야 합니다. 아니 분명한 목적과 의도를 따라 상관없어 보이는 두 사건을 연결해 놓았다고 보아야 할 것입니다. 요한의 의도를 따라 가나 결혼 잔치에서 물로 포도주를 만드신 사건과 성전 청결 사건을 연결해서 읽으면 이 표지판이 가리키는 예수가 누구인지 정확하게 볼 수 있습니다.

물로 포도주를 만드신 표지판을 정확하게 이해하기 위해 먼저 성전 청결 사건에 담긴 의미를 찾아보겠습니다. 예수께서는 성전에서 소요를 일으키셨습니다. 이 사건은 일종의 시위(Demonstration)라고도 말할 수 있습니다. 김영봉 목사는 예수께서 예루살렘 성전을 깨끗하게 하신 이 사건을 예수께서 성전에서 드리던 제사를 중단시키신 것이라고 말했습니다.[1] 만약 그렇다면 성전을 청결하게 하신 사건은 단순한 분노의 표현이 아니라 예수께서 성전에서 드리는 제사가 무효라고 선언하신 것과 다르지 않습니다.

이 일 후 예수께서는 종교 지도자들과 논쟁을 벌이시면서 "이 성전을 헐라, 내가 사흘 동안에 다시 일으키리라"라고 말씀하셨습니다. 성전은 유대인의 신앙 중심을 차지합니다. 이 사실에 비추어 보면 성전을 걷어치우시겠다는 말씀은 충격적이고 혁명적인 말씀일 수밖에 없습니다. 그렇습니다. 성전을 청결하게 하신 사건은 성전이 대표하는 옛 시대를 끝내고 진정한 성전이신 예수를 계시하신 사건입니다. 쉽게 말해 성전 청결 사건 역시 옛 시대를 걷어치우시고 새 시대를 열어젖히신 진정한 성전이신 예수를 보여주는 사건이며, 이런 맥락에서 물로 포도주를 만드신 이적과도 밀접하게 연결된다는 것을 알 수 있습니다(예수께서는 이 말씀을 십자가의 죽음과 부활로 성취하셨습니다).

요한의 의도를 따라 성전 청결 사건과 가나 결혼 잔치에서 물로 포도주를 만드신 사건을 연결해서 보아야 합니다. 가나 결혼 잔치에 포도주가 떨어졌습니다. 그때 예수께서는 정결 예식에 사용하는 돌 항아리에 물을 채우라고 말씀하셨습니다. '정결 예식'에 사용하는 돌 항아리입니다. 성전 중심, 다시 말해 율법 중심의 신앙생활을 하던 이스라엘 사람들은 정결 문제를 생명처럼 여겼습니다. 돌 항아리는 그들이 너무나 중요하게 여긴 정결 예식을 위한 용도였지요.

예수께서는 율법의 상징과 같은 정결 예식에 사용하는 바로 그 돌 항아리에 가득히 물을 채우게 하시고, 그 물을 포도주로 바꾸셨습니다. 예수께서 그 돌 항아리에 있던 물을 포도주로 바꾸심으로 돌 항아리의 용도 자체를 바꾸신 것입니다. 이제 그 돌 항아리는 더는 정결 예식에 사용하는 항아리가 아닙니다. 예수께서 물로 포도주를 만드신 이적을 첫 번째 이적으로 행하신 이유가 바로 여기에 있습니다. 사도 요한은 돌 항아리에 가득 담긴 물을 포도주로 바꾸신 이적을 표지판 삼아 율법이 지배하던 옛 세상을 걷어치우시고, 하나님의 은혜가 지배하는 새로운 세상을 활짝 열어젖히신 하나님의 아들 예수를 보여줍니다(막 2:22).

요한이 사용한 표지판은 유대인들 사이에 널리 퍼진 속담과 같은 예언에서도 확인할 수 있습니다. 성서 시대 이스라엘 백성 사이에 널리 퍼진 속담이 있습니다. "장차 한 시대가 이를 것인데 그때 언덕마다 포도나무가 자랄 것이며, 포도나무마다 일만 개의 뿌리를, 뿌리마다 일만 개의 가지들을, 가지마다 일만 개의 포도송이들을, 포도알마다 450ℓ의 포도즙을 낼 것이다."라는 속담입니다(욜 3:18, 암 9:13).[2) 과장법을 사용해서 메시아가 오시면 새로운 시대를 열어젖힐 것인데, 많은 포도주가 그 증거라는 뜻입니다.

정결 예식에 쓰는 돌 항아리는 한 통에 적어도 90ℓ에서 많게는 120ℓ나 들어가는 큰 항아리입니다. 요한은 큰 항아리가 여섯 개나 있었고 예수께서 그 항아리에 가득 채운 물을 포도주로 바꾸셨다고 말합니다. 적어도 540ℓ, 많게는 720ℓ나 되는 엄청난 양의 포도주, 그것도 최상급 포도주를 만드신 것입니다. 이 속담과 예언을 알고 있었던 사람(성서 시대 유대인들이라면 누구나 알고 있었습니다)이라면 이 표지판을 통해 예수가 바로 그 예언을 성취하신 분이라는 것을 보았을 것입니다. 물로 포도주를 만드신 이적을 통해 예수께서 새로운 세상을 열어젖히신 하나님의 아들이요, 구약이 예언한 바로 그 그리스도라는 진리를 알게 되었을 것입니다.

맞습니다. 사도 요한은 물로 포도주를 만드신 이적을 표지판으로 삼아 율법에 얽매인 옛 시대를 걷어치우시고 기쁨과 생명, 안식이 차고 넘치는 새로운 세상(하나님 나라)을 여신 하나님의 아들 예수를 보여줍니다. 표지판은 실제를 가리킵니다. 실제를 떠올리게 하고 상상하게 합니다. 실제가 있는 곳으로 안내합니다. 표지판을 따라가면 결국 목적지를 만나는 법입니다. 사도 요한이 보여준 이 표지판을 따라 예수에게로 나아갑시다. 표지판을 주목하면서 예수를 떠올리고 기억합시다. 표지판에 시선을 맞추고 따라가면 결국, 예수를 만나게 될 것입니다. 예수가 누구인지 더 깊이 알아갈 것입니다.

목적지인 예수께 도착하면 우리는 알게 될 것입니다. 물로 포도주를 만드신 이적이 참 놀랍고도 충격적인 표지판이었지만, 표지판이 가리킨 그분과는 비교할 수 없이 작고 초라하다는 것을. 표지판 자체도 크고 아름답고 매력적이지만, 표지판이 가리킨 실제는 상상할 수 없을 만큼 광활하고 신비롭고 아름답다는 것을. 요한이 제시한 첫 번째 표지판을 통해 기쁨과 생명과 안식으로 가득한 새로운 세상을 열어젖히신 예수를 주목합시다. 표지판이 아니라 표지판이 가리키는 예수를 기억하고 떠올리고 상상합시다. 그때 우리는 이 복잡하고 당혹스러운 세상에서도 기쁨과 생명을 풍성히 누리고, 하나님 나라의 안식과 샬롬을 회복할 것입니다. 한 걸음 더 나아가 믿음의 길을 멋지게 완주할 힘을 끝없이 공급받을 것입니다.

첫 번째 이적 한 문장 요약

■ 물로 포도주를 만드신 이적은 율법이 지배하던 옛 시대를 걷어치우고 기쁨과 안식, 생명이 가득한 새 시대를 열어젖히신 하나님의 아들 예수를 보여주는 표지판입니다.

더 깊은 묵상을 위한 소그룹 나눔 질문

1. 이번 장을 읽으면서 새롭게 깨달은 점이나, 가슴에 깊숙이 와닿은 부분, 더 단단해진 확신이 있다면 나누어 봅시다.

2. 물로 포도주를 만드신 이적은 이 땅에 새로운 세상(하나님 나라)을 열어젖히신 예수를 보여주는 표지판입니다. 이 표지판이 하나님 나라를 보는 시선을 어떻게 새롭게 해 주는지 이야기해 봅시다.

3. 성전을 청결하게 하신 사건과 물로 포도주를 만드신 사건을 연결해서 볼 수 있을까요? 이 연결을 통해 깨달은 통찰과 은혜를 이야기해 봅시다.

4. 첫 번째 표지판을 통해 새로운 시대를 열어젖히신 하나님의 아들 예수를 만나고 알아갈 때 나와 내가 속한 공동체에 어떤 변화가 일어날까요? 상상해 보고 나누어 봅시다.

2.
두 번째 표지판

요한복음 4:46-54

하나님의 말씀이신 예수를 보여 주다

시간과 장소를 알면 더 많이 보인다.

어떤 사건이 일어난 때와 장소는 그 사건을 더 바르고 깊게 이해하는 데 결정적인 실마리를 제공하기도 합니다. 요한복음의 저자요한은 '때'와 '장소'를 사용해서 예수가 누구인지 더 풍성하고 정확하게 보여줍니다. 43절 말씀은 "이틀 후"에 예수께서 갈릴리에오셨다고 합니다. 주도면밀하게 복음서를 읽는 독자라면 이 한 단어로 이틀 전에 예수는 어디에 있었으며, 이틀 전에 무슨 일이 있었는지 질문할 것입니다. 때를 가리키는 이 한 단어로 그때가 언제인지 질문하게 하는 것이 요한의 의도가 아닐까 싶습니다. 요한의 의도한 그때는 예수께서 사마리아 여인을 만났던 때입니다.

이틀 전 예수는 사마리아 수가 성에서 한 여인을 만나셨습니다. 예수께서는 누구도 주목하지 않던(어떤 면에서는 나쁜 의미로 주목받던) 사마리아 여인에게 자신이 누구인지 알려주셨습니다. 이 점만놓고 보아도 예수께서는 당신을 고아와 과부와 나그네의 하나님아버지를 쏙 빼닮은 그분의 아들이라는 것을 알 수 있습니다. 예수를 만난 사마리아 여인은 마을 사람들을 전도했습니다. 여인의전도를 받았던 사마리아 사람들이 예수께로 나오고, 예수께서는사마리아에 이틀을 머무셨습니다. 그 이틀 동안 예수께서는 말씀으로 그들을 가르치셨습니다. 예수의 말씀을 듣고 난 후 사마리아 사람들이 무슨 말을 했는지 유심히 보아야 합니다. 요한복음

4:42 말씀입니다.

> 사람들이 여인에게 말했습니다. "이제 우리가 믿는 것은 당신의 말 때문에 믿는 것이 아니오. 우리가 그 말씀을 직접 듣고 보니 이분이 참으로 세상의 구주심을 알게 됐소."(요 4:42, 우리말 성경)

이틀 전에 사마리아 사람들은 예수의 말씀을 들었습니다. 말씀을 듣고 난 그들은(사마리아 사람이라는 점을 놓쳐서는 안 됩니다) 예수를 세상의 구주로 고백했습니다. 이것이 이틀 전에 있었던 사건입니다. 이 사건을 기억하면서 46절로 돌아가야 합니다.

한 가지 더 남은 것이 있습니다. '장소'입니다. 이 사건이 일어난 때가 언제인지 알려준 요한은 이 신하의 아들을 고치신 이적을 행하신 장소까지 구체적으로 알려줍니다. '갈릴리 가나'입니다. 갈릴리 가나라는 도시는 전에 '물로 포도주를 만드셨던 표적'이 있었던 곳이기도 하지요. 신중한 저자 사도 요한은 '때'와 '장소'를 사용해 예수께서 신하의 아들을 고치신 이적을 두 가지 사건과 연결해 놓았습니다. 첫 번째는 예수께서 수가 성 여인에게 자신을 하나님의 아들 메시아로 계시한 일과 사마리아 사람들이 예수를 하나님의 아들 메시아로 고백한 사건입니다. 두 번째는 기쁨과 생명, 안식으로 가득한 새로운 세상을 여신 예수를 보여주는 물로 포도주를 만든 이적입니다. 이 두 사건의 연결고리는 바로 '말씀'입니다. 요한은 분명한 의도를 가지고 기록해 놓았으니, 요한의 의도를 따라 본문으로 더 깊이 들어가 이 표지판이 가리키는 예수가 누구인지 찾아보겠습니다.

병 들어 죽어가는 아들을 둔 아비의 심정

갈릴리 가나에 높은 지위를 가진 왕의 신하 한 사람이 있었습니다. 그는 갈릴리 분봉왕이었던 헤롯 안티파스의 고위 관리였음이 분명합니다. 고위 관리라는 말은 그가 부와 명예와 권력을 가진 사람이라는 의미를 담고 있습니다. 그때나 지금이나 부와 명예, 권력을 가진 사람이라면 성공한 사람, 남들이 부러워할 만한 사람이라고 해도 좋을 것입니다. 겉으로 드러난 것만 놓고 보면 그는 성공한 사람, 남들이 부러워할 만한 인생처럼 보이지만, 속사정을 살펴보면 전혀 그렇지 않습니다. 그는 행복하지 않았습니다. 남들이 부러워할 만한 인생이 아니었습니다. 그의 아들이 병에 걸려 아팠기 때문입니다.

단순히 아팠다는 말로는 설명이 부족합니다. '병들었더니'로 번역한 헬라어는 고위관료의 아들이 계속해서 심한 병을 앓았다는 뜻을 담고 있습니다. 고위 관직에 있었고, 부와 명예, 권력까지 있었던 그 사람의 아들은 오랜 시간 중병에 시달리면서 심하게 연약해져 있었습니다. 예수께로 달려간 그 남자는 자기 아들의 병을 고쳐 주시도록 청하였습니다. '청하되'로 번역된 단어는 '간절한 마음으로 계속해서 요청했다'라는 뜻입니다. 고위관료가 모든 자존심을 내버리고 젊은 유대 청년에게 달려와 머리를 조아리고 간청한 것입니다. 명예를 생명보다 중요하게 여긴 시대였습니다. 이 같은 행동을 하기가 몹시 어려웠다는 점을 기억해야 합니다.

큰 어려움을 감수한 그 사람에게 하신 예수의 말씀은 따뜻하지 않습니다. 정확하게 말하면 쓴소리, 쌀쌀맞은 대답이라고 해야 할 것입니다. "너희는 표적과 기이한 것들을 보지 않으면 전혀 믿으려 하지 않는다." 당황하게 만들기 충분하고, 민망하게 만들기에도 충분한 말씀입니다. 병든 아이의 아버지는 자기 기분이나 감정, 체면을 앞세우지 않았습니다. 그만큼 간절했다는 뜻이고, 그만큼 아들의 병이 무겁고 깊었다는 의미일 것입니다. 그는 예수의 쓴소리에도 아랑곳하지 않고 '제 아들이 죽기 전에 가버나움으로 와 주십시오.'라고 애원했습니다. 아이의 아버지는 필사적으로 예수께 매달렸습니다. 그럴 수밖에 없었기 때문이었겠지요. 그때 예수께서는 첫 대답과는 전혀 다른 반응과 대답을 주셨습니다.

가라. 네 아들이 살 것이다. (요 4:50a, 바른 성경)

예수 앞에 체면 차릴 필요가 없다는 것, 간절한 마음으로 찾고 구하고 두드리는 태도가 얼마나 중요한지 잘 보여주고 가르쳐주는 장면이 아닐까 싶습니다. 여기서 우리가 주목하고 싶은 부분은 따로 있습니다. 예수의 말씀을 들은 신하의 반응입니다. 50절 후반부를 보십시오.

그 사람이 예수께서 하신 말씀을 믿고 갔다. (요 4:50b, 바른 성경)

남의 이야기로 읽으면 행간을 읽어낼 수 없습니다. 아들이 죽어가고 있습니다. 용하다는 의사를 찾아다녔을 것이고 좋다는 약은 다 먹어보았을 것입니다. 전혀 차도가 없었습니다. 시름시름 앓고, 생명이 꺼져가는 아들을 지켜보는 부모의 마음을 어떤 말로 표현할 수 있을까요? 그는 절망적이었습니다. 이제 다른 방법이 없었습니다. 예수가 유일한 소망이었습니다. 신분이나 사회적 지위는 머리에 없었습니다. 그는 젊은 청년 예수를 찾아와 머리를 조아리고 간절한 마음으로 예수를 청했습니다.

예수께서 자기와 함께 서둘러 집으로 가서 고쳐 줄 것을 기대할 수 있는 일 아닐까요? 그의 사회적 지위를 생각하면 얼마든지 상상할 수 있는 일입니다. 예수께서는 그럴 의사가 조금도 없는 것처럼 보입니다. 그저 아들이 살 것이라고 말씀하셨습니다. 엘리사 선지자와 나아만 장군의 이야기를 떠올리게 합니다. 왕의 신하는 나아만보다 더 놀라운 믿음을 보여줍니다. 놀랍게도 그는 예수의 말씀을 붙들고 집으로 돌아갔습니다. 예수의 그 한 말씀에 자기 아들의 생명을 걸었습니다. 참으로 대단한 믿음입니다.

이 표적이 보여주는 것은

왕의 신하는 집으로 가는 도중 자기 하인을 만났습니다. 하인의 표정이 모든 것을 말해주고 있었습니다. 그는 하인에게서 아들이 살아났다는 소식을 들었습니다. 궁금했을 것입니다. 호기심도 발동했을 것 같습니다. 그는 하인에게 아들이 낫게 된 때가 언제인지 물었습니다. 그때가 언제였습니까? 요한은 정확히 예수께서 "당신 아들은 살 것이오."라고 말씀하신 바로 그 시간이었다는 사실을 밝힙니다. 이 사건을 통해 그와 그 집 모든 사람이 예수를 믿었습니다. 이것이 예수께서 유대에서 갈릴리로 오신 후 행하신 두 번째 표적입니다. 이 이적이 어떻게 예수가 하나님의 아들임을 보여주는 표지판의 역할을 할까요?

오늘을 살아가는 많은 그리스도인조차 중한 병에 걸려 사형선고를 받거나, 심한 고난을 당하면 죄 때문이라고 생각하고 말합니다. 자녀가 중한 병에 걸리거나, 장애를 입거나, 죽으면 많은 부모가 자신이 죄를 지어서 그렇다고 생각하고 말합니다. 어디에다 하소연할 수도 없고, 아무리 찾고 찾아도 대답을 찾을 수 없기 때문이겠지요.

저는 이런 일을 몸으로 겪었습니다. 1996년 봄 작은 형님이 희소병으로 척추 수술을 받았습니다. 굉장히 까다롭고 어려운 수술이었습니다. 끝내 수술은 실패로 돌아갔고 작은 형님은 일평생 중증 장애인으로 살 수밖에 없었습니다. 2001년 7월 25일 여름밤 큰형님이 처와 어린 두 자녀를 두고 느닷없는 교통사고로 돌아가셨습니다. 저의 부모님은 그렇게 아들을 앞세우셨습니다. 이 두 사건을 겪으시던 어머니께서 자기 가슴을 치고 눈물을 쏟으시며 토해내신 말이 있습니다. "내가 하나님 앞에 죄를 지어서 그렇다." 자녀를 둔 부모라면 가장 먼저 떠오르고 토해낼 수밖에 없는 말이라 생각합니다. 2021년 11월 겨우 초등학교 5학년이었던 아들 유건이를 수술대에 눕혔을 때 저 역시 저 말이 가장 먼저 떠올랐고 맴돌았으며, 그 말을 몸과 마음에서 털어내기 어려웠습니다. 어디 우리 가족이나 저뿐일까요. 자녀를 앞세우거나 수술대에 눕혀 본 부모라면 누구나 쏟아낼 말일 것입니다. 달리 해석할 방법이 없어서, 다른 생각이 떠오르지 않아서, 무너지는 억장을 끌어안고 할 수 있는 말이 그것뿐이기 때문이겠지요.

성서 시대 유대인들은 더 말할 것도 없습니다. 당대의 의술과 지식으로는 병의 원인은커녕, 무슨 병인지조차 진단할 수 없었습니다. 성서 시대 사람들은 중한 병이나 장애는 죄의 결과라고 혹은 귀신 때문이라고 해석할 수밖에 없었습니다. 어떤 병은 죄 때문에 걸리기도 하고, 어떤 사람은 죄를 지어 죽기도 합니다. 그러나 이 본문에서는 그런 언급이 전혀 없습니다. 성서 시대를 살았던 사람이 어떤 생각을 할 수밖에 없었는지 살펴보자는데 의의가 있습니다. 죄 혹은 귀신, 어느 쪽이든 다를 것은 없습니다. 그 아버지는 절박할 수밖에 없었고, 고통스러울 수밖에 없었습니다.

죄의 문제

당대를 살아가던 사람들은 고위 관리의 아이가 중병에 걸린 것은 죄 혹은 귀신 둘 중 하나라고 생각했을 것입니다. 저 좋은 집안에 태어난 아이가 저런 몹쓸 병에 걸려 죽어가는 것은 부모가 죄를 지었거나, 자식이 죄를 지었기 때문이거나, 그것이 아니라면 귀신 들려서 저렇게 이유도 모른 채 죽어가고 있다고 생각했음이 분명합니다.

어느 쪽이든 상관없습니다. 죄 때문이라면 죄를 용서받아야만 합니다. 간절히 용서하고 싶어도 죄를 용서하는 일은 사람의 능력 바깥의 일입니다. 죄를 용서하는 일은 사람에게 속한 일이 아니라 하나님께 속한 일입니다.

귀신 때문이라고 해도 마찬가집니다. 사람은 자기 힘으로 귀신을 쫓아낼 수 없습니다. 오래전 제가 가르친 학생 중 귀신에 들린 아이가 있었습니다. 갑작스러운 발작과 이상한 언어와 행동, 기괴한 목소리를 들으면서 귀신 들린 것을 알게 되었습니다. 당황스럽기도 하고 무섭기도 했습니다. 어떻게든 뭐라도 해야 하는 상황이었습니다. 그 자리에 계신 목사님 한 분과 교사들과 함께 말씀을 읽고 기도했습니다. 달리 할 수 있는 일 자체가 없었기 때문입니다. 이전에 귀신을 쫓아내 본 경험은 물론 귀신들린 사람을 만나본 적도 없었습니다. 귀신을 쫓아내는 일은 몹시 힘들었고, 섬세한 영성도 필요했습니다. 귀신이 종종 나간 척한다는 것을 그때 처음 알았습니다. 4시간 넘는 사투 끝에 귀신을 쫓아냈습니다. 말그대로 사투였습니다. 4시간이 4분처럼 짧게 느껴지기도 했고, 4년처럼 길게 느껴지기도 했습니다. 나중에 보니 얼마나 땀을 흘렸는지 속옷까지 다 젖어 있었습니다.

오해하시면 안 됩니다. 제가 능력이 있어서 귀신을 쫓아낸 것은 절대 아닙니다. 저는 그런 능력이 없고, 지금도 없습니다. 지면을 빌려 말씀드리자면 귀신이 저에게 달려들지는 않을지 별별 생각을 다 했습니다. 그 이상한 목소리나 순식간에 핏빛으로 변하는 눈동자가 소름 끼치게 무섭기도 했습니다. 속으로 얼마나 하나님을 찾고 찾았는지 모릅니다. 오직 예수의 이름으로만 귀신을 쫓아낼 수 있다는 것을, 내 안에 예수의 이름이 더 풍성해야 한다는 것을 절절히 깨달은 시간이자 사건이었습니다. 저의 짧은 이야기의 핵심은 귀신을 쫓아내는 일은 사람이 아니라 하나님께 속한 일이라는 데 있습니다. 이 관점을 가지고 다시 말씀으로 돌아가 보겠습니다.

예수께서 말씀으로 질병으로 죽어가는 아이를 고치셨습니다. 질병의 원인이 죄라면 예수께서 죄를 용서하신 것입니다. 질병의 원인이 귀신 때문이라면 예수께서 귀신을 쫓아내신 겁니다. 죄를 용서하시고, 귀신을 내쫓으실 수 있는 분은 오직 한 분 하나님밖에 없습니다. 결론은 분명합니다. 말씀으로 왕의 신하의 아들을 고치신 이적은 단순한 기적일 수가 없습니다. 요한은 이 표지판을 통해 말씀으로 치료하시는 하나님의 아들 예수 그리스도를 보여줍니다.

앞서 말씀드린 것처럼 이 이적은 사마리아 여인과 사람들이 예수를 하나님의 아들 메시아로 고백한 사건과 물로 포도주를 만드신 이적과 연결되어 있습니다. 이 두 가지 사건의 중심에는 '말씀'이 있습니다. 사마리아 사람들은 말씀을 듣고 예수를 세상의 구주로 고백했습니다. 물로 포도주를 만드신 사건은 말씀으로 새로운 세상을 열어젖히신 예수를 보여줍니다. 신하의 아들을 고친 이적은 이 두 사건과 어울려 말씀이신 예수, 말씀하시는 예수를 보여주는 강력한 표지판으로 작용합니다. 그렇습니다. 말씀으로 신하의 아들을 고치신 이적은 새로운 시대를 여신 예수가 말씀하시는 분이시며, 말씀하신 것을 성취하시는 하나님의 아들 예수를 보여 주는 표지판입니다. 이 표지판은 우리를 더 멀고 높고 깊은 곳으로 이끌어 갑니다.

말씀으로

본문이 보여주듯 예수는 신하의 아들을 만나러 가지 않았습니다. 병에 걸린 아이의 얼굴을 마주 보면서 아이의 상태를 살펴보지도 병을 진단하시도 않으셨습니다. 아픈 부위에 안수하거나 아픈 부위를 만지신 것도 아닙니다. 예수께서는 말씀으로 죽어가던 아이를 치료하셨습니다. 예수께서 말씀하시자 죽어가던 아이가 살아났습니다. 예수께서 말씀하시자 그 가정을 덮쳤던 어둠과 혼돈, 무질서가 사라졌습니다. 예수께서 말씀하시자 말씀하신 대로 이루어졌습니다.

"말씀하시자 그대로 되었다." 어떤 장면이 떠오르십니까? 말씀으로 천지를 창조하신 하나님이 떠오릅니다. 창세기를 보십시오. 하나님은 말씀으로 무질서했던 세상에 질서를 부여하셨습니다. 하나님은 말씀으로 어두운 세상에 빛을 비추시고, 혼란한 세상을 아름답게 만드셨습니다. 하나님께서 말씀하시면 말씀하신 대로 성취되었습니다.

요한은 요한복음을 시작하면서 '태초에 말씀이 계셨다'라고 선포합니다. 그 말씀이 하나님과 함께하셨으며, 그 말씀이 곧 하나님이라고 선언합니다. 세상 모든 것이 말씀으로 지음을 받았으며, 말씀 없이 존재하게 된 것은 아무것도 없다고 선언합니다. 말씀 안에 생명이 있고, 이 생명이 사람들의 빛이라고 선포합니다. 그 말씀이 육신을 입어 세상으로 오셨으며, 그 말씀이 곧 하나님 아버지의 독생자 예수라고 담대히 선언합니다. 이처럼 말씀으로 신하의 아들을 치료하신 이적은 창세기 1장 및 요한복음 1장과 조화를 이루면서 '말씀이신 예수, 말씀하시는 예수, 말씀을 성취하시는 하나님의 아들 예수'를 보여줍니다.

말씀이신 예수, 말씀하시는 예수

말씀이신 예수, 말씀하시는 예수, 말씀하신 것을 성취하시는 예수를 보여주는 이 표지판은 우리의 삶을 완전히 새롭게 조정하게 만듭니다. 하나님의 아들 예수가 곧 말씀이며, 말씀하시는 분이기에 예수께서 가르치신 모든 말씀은 단순히 좋은 말씀, 좋은 가르침, 통찰력이 있는 말씀 정도의 수준이 아닙니다. 읽고 암송하고 묵상하고 공부하면 좋고 안 하면 아쉬운 정도가 아닙니다. 반드시 읽고 듣고 지켜 행해야 할 말씀입니다. 부지런히 읽고 암송하고 묵상하면서 지키고 따르고 살아내야 할 말씀입니다. 이 진리는 마태복음 7장에서 산상수훈을 마무리하시면서 예수께서 하셨던 말씀과도 정확하게 일치합니다.

그러므로 내 말을 듣고 그대로 행하는 사람은 반석 위에다 자기 집을 지은, 슬기로운 사람과 같다고 할 것이다. (마 7:24, 새번역)

왕의 신하의 아들을 고치신 이 표지판은 말씀이신 예수, 말씀하시는 예수, 말씀을 성취하시는 예수, 말씀으로 우리를 거룩하고 깨끗하게 하시는 예수께로 이끌어 갑니다. 이 표지판은 우리의 생각과 가치관, 습관과 행동, 마음과 태도는 물론 나의 모든 것을 말씀에 맞추어야 한다고, 예수의 말씀 위에, 말씀이신 예수 위에 인생을 건축하는 지혜로운 사람이 되라고 소리치는 확성기입니다.

그리스도인은 '그 책(The Bible)의 사람'입니다. '말씀의 사람'입니다. 안타깝게도 많은 그리스도인이 하나님의 말씀(성경)을 읽지 않습니다. 스마트폰 때문일까요? 갈수록 독서 인구가 줄어들고 있고, 독서량도 줄어듭니다. 경건 서적을 읽는 사람은 더 적습니다. 성경을 공부하거나 연구하는 사람은 손에 꼽을 정도입니다. 성경을 공부하고 연구하는 일은 오로지 목회자의 영역으로 생각합니다.

말씀을 가까이하지 않고 읽지 않는다는 것은 말씀이신 예수를 가까이하지 않고 예수의 말씀을 듣지 않는다는 말과 다르지 않습니다. 말씀을 읽지 않으니 말씀이신 예수를 더 깊이 알아갈 수가 없습니다. 말씀이신 예수가 아니고서 우리는 깨끗해질 수 없고, 치료받을 수 없고, 회복할 수도 없으며 거룩해질 수도 없습니다. 말씀을 가까이하지 않으면 말씀대로 살아가는 일은 요원한 일로 전락할 수밖에 없습니다. 한국 교회가 위기를 겪는 것은 말씀이신 예수를 가까이하지 않고, 예수의 말씀을 읽지 않고 듣지 않으며, 말씀을 공부하지 않고 연구하지 않기 때문이라고 해도 지나친 말은 아닐 것입니다.

이런 시대를 살고 있기에 우리는 왕의 신하의 아들을 고치신 표지판을 주목해야 합니다. 이 표지판을 통해 말씀이신 예수를 더 깊이 알아가야 합니다. 이 표지판을 통해 말씀을 가까이하면서 우리를 깨끗하게 하시는 예수를 더 깊이 알아갑시다. 이 표지판을 자주 바라보면서 말씀이신 예수를 가까이하고, 예수의 말씀을 가까이하는 그리스도인이 됩시다. 이 표지판을 통해 말씀이신 예수를 가까이할 때 우리는 진리의 말씀이신 예수를 통해, 예수의 말씀을 통해 거룩하게 변할 것입니다. 이 표지판을 통해 예수를 더 깊이 만날 때 낯설고 당혹스러운 세상에서도 말씀 따라 살아가는 복 있는 사람이 될 것입니다. 그렇게 말씀으로 충만할 때 예수를 더 닮은 자신을 발견할 것이며, 말씀으로 충만해진 우리는 말씀이신 예수를 보여주는 표지판이 될 것입니다.

두 번째 이적 한 문장 요약

■ 왕의 신하의 아들을 고치신 이적은 말씀이신 예수, 말씀으로 치료하시는 하나님의 아들 예수 그리스도를 보여주는 표지판입니다.

더 깊은 묵상을 위한 소그룹 나눔 질문

1. 이번 장을 읽으면서 새롭게 깨달은 점이나, 가슴에 깊숙이 와닿은 부분, 더 단단해진 확신이 있다면 이야기해 봅시다.

2. 나에게 일어난 일 혹은 가족이나 공동체에 일어난 일의 원인이 죄라고 생각한 적이 있다면 언제 어떤 일을 그렇게 생각했는지 나누어 봅시다. 예수께서는 그 사건에 대해 어떻게 말씀하실지 생각해 보고 이야기해 봅시다.

3. 우리 그리스도인이 성경을 읽지 않는 가장 큰 이유는 무엇일까요? 어떻게 이 문제를 극복하고 말씀을 가까이하는 사람으로 변할 수 있을까요? 서로의 생각을 이야기해 봅시다.

4. 말씀을 가까이하고, 말씀에 순종하는 삶을 살아갈 때 가장 큰 도전은 무엇이 있을까요? 또 가장 큰 유익은 무엇일까요?

3.
세 번째 표지판

요한복음 5:1-9

참된 안식을 주시는 예수를 보여 주다

아! 베데스다 연못

　베데스다 연못 가 다섯 개의 행각에는 수많은 병자가 모여 있었습니다. 그 많은 사람 중 예수께서 유달리 관심을 보이신 사람이 있었습니다. 38년 된 병자입니다. 요한은 그가 누구인지 말하지 않습니다. 38년이라는 긴 시간 동안 그를 괴롭힌 질병이 무엇인지도 말하지 않습니다. 단지 그가 중한 질병에 걸렸다는 것과 38년이란 오랜 시간 그곳에 거의 버려진 채 있었다는 비참한 사실을 보여줄 따름입니다. 돌보는 사람 한 명 없이 오랜 시간 베데스다 연못가에 있었던 그는 버림받은 인생, 소망 없는 인생을 대표하는 사람이라고 하겠습니다.

　그리스도인에게 꽤 유명한 장소인 베데스다 연못에 관해 잠깐 살펴보고 싶습니다. 베데스다 연못이 지금 우리가 살아가는 시대 풍경과 닮았다는 점이 그 이유입니다. 베데스다 연못은 전설과 같은 이야기가 깃든 장소입니다. 일 년에 한 번 천사가 베데스다 연못을 움직인다는 것과 물이 동할 때 제일 먼저 연못에 들어간 사람은 무슨 병에 걸렸든지 낫는다는 이야기입니다. 만약 그것이 사실이라면 베데스다 연못은 치열하게 경쟁하는 곳, 적자생존의 법칙이 지배하는 장소입니다.

　이 소문이 얼마나 넓고 깊게 퍼져 있었는지, 당대 사람들이 어느 정도로 신뢰했는지는 모릅니다. 크게 상관없습니다. 베데스다 연못은 온갖 종류의 중한 질병에 걸린 많은 사람이 몰려 있었습니다. 언제 연못이 움직일지 알 수 없다는 점도 간과할 수 없습니다. 이 두 가지 사실을 생각한다면 베데스다 연못은 끝을 알 수 없는 경쟁의 장소일 수밖에 없습니다. 처절한 희망 고문의 장소라고 말해도 지나치지 않아 보입니다. 이런 점에서 베데스다 연못은 끝을 알 수 없는 치열한 경쟁과 희망 고문이라는 말이 넓게 퍼진 우리나라의 모습과 참 많이 닮았습니다.

한 가지 더 살펴볼 것이 있습니다. 38년이란 시간입니다. 그 시대 그곳에서 38년은 어떤 의미일까요? 2010년 여름 저는 난생처음 망얀족이 사는 필리핀 민도로 섬으로 단기선교를 다녀왔습니다. 단기선교를 준비하면서 충격적인 말을 들었습니다. 망얀족 평균 수명이 40년이란 말이었습니다. 21세기 100세 시대라고 부르는 우리나라 현실에 비교하면 충격적일 수밖에 없었습니다. 조선 시대 평균 수명과 비슷합니다. 민도로 섬에 도착한 후 그들을 만나고 그들이 살아가는 모습을 보기 전에는 믿을 수가 없었습니다. 그곳에서 그들을 만난 후 모든 것을 이해할 수 있었습니다.

21세기에도 평균 40세를 사는 사람들이 있습니다. 생활환경이 좋지 않고, 먹거리가 풍부하지 않으며, 의학이 발달하지 않은 고대 사회의 평균 수명은 지금처럼 길지 않았을 것입니다. 성서 시대 평균 연령이 어느 정도였는지 정확하게 알 수는 없지만, 베데스다에서 38년은 거의 일평생, 그것도 아무런 소망이 없는 일평생이라고 불러도 좋을 것입니다.

중병에 걸린 이유

예수께서 바로 그 치열한 경쟁의 장소, 처절한 희망 고문의 장소였던 베데스다 연못에서 거의 일평생 병에 시달려 말라비틀어진 사람을 찾아가셨습니다. 요한이 이 표지판을 통해 보여주려는 예수는 누구일까요?

베데스다 연못에서 38년 동안 누워 있었던 이 사람이 걸린 질병이 어떤 질병인지는 알 수는 없지만, 왜 그런 중병에 걸려 평생 고통 속에 살고 있었는지 알 수 있습니다. 병 고침을 받은 이 사람이 성전에 들어갔을 때였습니다. 성전 뜰에서 그는 자신을 고쳐 주신 예수를 만났습니다. 우연한 일처럼 보이지만, 필연입니다. 예수께서 의도적으로 그를 찾아가 만나셨기 때문입니다. 그를 찾아가신 예수는 그가 병에 걸린 이유가 무엇인지 알려주셨습니다. 14절 말씀입니다.

나중에 예수께서 성전에서 이 사람을 만나 말씀하셨습니다. "보아라, 네

가 다 나았구나. 더 심한 병이 네게 생기지 않도록 이제 다시는 죄를 짓지 마라."(우리말 성경)

예수께서 하신 말씀을 보십시오. "더 심한 병이 네게 생기지 않도록 이제 다시는 죄를 짓지 마라." 이 사람이 중한 질병에 걸린 것은 죄의 결과였습니다. 모든 병이 죄 때문에 생기는 것은 아니지만, 일평생 이 사람을 괴롭히고 몸과 마음은 물론 영혼을 파리하게 말라가게 했던 중한 질병의 이유는 '죄'였습니다. 예수께서는 다시 죄를 짓는다면 더 심한 병이 생길 수 있다고 경고하셨습니다. 여기에서 '더 심한 것'으로 번역된 단어는 '더 나쁜 어떤 것', '더 못한 어떤 것'을 말합니다. 죄를 반복해서 짓는다면 38년 동안 그를 지배하던 질병보다 더 무겁고 심각한 질병에 걸려 더 나쁜 상태가 될 수 있다는 말씀입니다.

당시 사회문화 배경에 따르면 그 시대 사람들은 중한 질병이나 장애를 죄의 결과로 보았습니다. 이 사람은 정말로 죄를 지어 오랜 시간 질병으로 고통받고 있었습니다. 사람들은 38년 된 병자를 보면서 저 사람이 도대체 무슨 죄를 지어서 저 고생을 하는지 비난하거나, 정죄하는 눈빛을 쏘아대거나, 거친 말을 쏟아냈을 것입니다. 억울하고 답답하지만, 딱히 변명할 수조차 없는 상황이었습니다. 다른 사람은 몰라도 병에 걸린 이 사람은 자기가 무슨 죄를 지었는지 알고 있었을 테니 말입니다. 베데스다 연못가에 38년 동안 누워 있었던 이 사람은 사회적 시선은 물론, 그가 처한 상황 역시 인간답게 살아갈 수 없는 참으로 비참한 인생입니다. 이 사실을 생각하면서 이 말씀을 읽을 때마다 가슴이 뭉클합니다. 예수께서 그 사람을 전혀 다르게 너무나 따뜻하고 인간적으로 대하셨기 때문입니다. 예수께서 그에게 이렇게 말씀하실 수도 있었습니다.

"당신은 살인죄를 저질렀소. 더 악한 일이 생기지 않도록 다시는 살인하지 마시오.", "당신은 간음죄를 저질렀소. 그것도 한두 번이 아니더군요. 더 악한 일이 생기지 않도록 다시는 간음하지 마시오.", "당신은 부모를 업신여겼소. 그것도 습관적으로. 더 악한 일이 생기지 않도록 다시는 부모를 업신여기지 마시오."

목록은 끝이 없습니다. 예수는 그가 무슨 죄를 지었는지 말하지 않았습니다. 오직 그와 하나님만이 아는 비밀로 묻어두셨습니다. 너무나 인격적인, 너무나 인간적인, 너무나 매력적인 예수입니다. 예수를 알아가면 알아갈수록 사랑할 수밖에 없습니다. 우리는 이 사람이 죄로 인한 질병에 묶여 38년이란 긴긴 시간 동안 안식 없이 살았다는 사실을 놓쳐서는 안 됩니다.[3] 이 사실에 비추어 보면 예수께서 "네가 다 나았구나."라고 하신 말씀은 "네 죄가 용서받았구나", "네가 안식을 회복하게 되었구나"라는 말씀과 같습니다.

저자 요한은 38년 된 병자를 고치신 이적을 표지판으로 삼아 죄를 용서하시는 예수를 보여줍니다. 이 표지판을 통해 예수를 찾아가고 알아가는 여정은 여기서 끝이 아닙니다. 38년 된 병자를 고치신 이 표지판은 우리를 예수의 더 깊은 곳으로 이끌어 갑니다. 요한이 이 표지판을 통해 보여주려는 예수의 참모습을 찾아 더 멀리까지 가보겠습니다.

꼭 그날이어야 했을까?

이 사람이 죄로 인한 질병으로 시달린 기간은 무려 38년입니다. 아이로니컬하게도 이 사람이 겪고 있는 질병이 중하긴 했지만, 생명이 위급하지는 않았다는 말입니다. 예수께서 이 사람을 치료하신 날이 안식일이었습니다. 곧 죽을병이 아니어서 굳이 안식일이 아니라 하루만 더 기다렸다가 이 사람을 치료해도 크게 문제 될 일이 없었다는 말입니다. 물론 오랜 시간을 고통당한 그를 하루라도 빨리 치료하는 것은 의미 있는 일임에 틀림이 없습니다. 그렇다면 하루라도 빨리 자유롭게 하시려고 예수께서는 그 사람을 안식일에 치료하신 것일까요? 이 부분을 생각하면 이 표지판이 보여주는 예수를 더 깊이 만날 수 있습니다.

안식일에 이 사람을 치료하신 일 때문에 예수는 종교 지도자들로부터 박해받았습니다. 종교지도자들과의 치열한 논쟁도 피할 수 없었습니다. 논쟁 중 예수께서 하신 말씀 때문에 유대인들은 예수를 죽이려고 했습니다(요 5:15~18). 그만큼 안식일에 이 사람을 고치신 일은 심각했고, 심각한 문제를 일으켰다는 말입니다. 질문이 생깁니다. 아니 질문해야 합니다. 예수께서 심각한 박해와 죽음의 위험을 무릅쓰면서까지 안식일에 38년 된 병자를 치유하신 이유는 무엇일까요? 무슨 중요한 이유가 있어서 이런 위험을 무릅쓰신 걸까요?

생각이 여기에 미치면 38년 된 병자를 고치신 이 표지판은 무언가 아주 중요한 것을 가리키고 있다는 사실을 알 수 있습니다. 예수께서 유대 지도자들과 벌인 논쟁의 핵심을 파악하면 안식일에 38년 된 병자를 고치신 표지판이 얼마나 파격적인지, 이 표적이 보여 주는 예수가 누구인지 분명하게 알 수 있습니다. 계속해서 표지판을 따라 더 깊이 들어가 보겠습니다.

안식일과 예수

구약 율법은 안식일에 일하지 못한다고 규정했습니다. 유대 랍비들은 이에 더해 자기들 나름대로 이 율법에 자세한 주석을 달아 놓았습니다. 유대 랍비들이 안식일에 금지한 항목은 무려 39가지

이며 분량만 해도 무려 24장입니다. 예를 들자면 안식일에 일하지 못한다는 것은 집 밖에 나가 말린 무화과나무 열매보다 더 무거운 것을 들어서는 안 된다는 규정을 포함합니다. 곡식을 거두는 일, 포도주 만드는 일, 올리브 열매를 잘라 따는 일, 무화과 열매를 따는 일도 포함합니다. 옷 만드는 사람은 해 질 녘에 바늘을 가지고 밖에 나갈 수 없습니다. 안식일에는 나무에 올라가서도 안 됩니다. 짐승을 타는 것도 안 됩니다. 수영하거나 손뼉을 치는 것, 엉덩이를 치는 것, 춤을 추는 것도 안 됩니다.[4] 몹시 까다롭고 복잡하며 일일이 외우기도 어렵습니다.

예수께서는 이 사람을 고치시면서 침상을 들고 가라고 명하셨습니다. 침상은 말린 무화과나무와는 비교조차 할 수 없는 무게입니다. 안식일에 병자를 고친 것도 문제인데, 예수께서는 그 사람에게 침상을 들고 가라고 말씀하셨습니다. 예수께서 안식일 규정을 모르셨다고 생각해서는 안 됩니다. 다 아시면서 개의치 않으신 것입니다. 예수는 의도적으로 안식일 규정을 깨뜨리셨습니다.[5] 예수는 도대체 왜 이렇게 하신 걸까요?

하나님은 세상을 창조하셨습니다. 창조 사역을 마치신 후 하나님은 안식일을 거룩하게 하셨습니다. 안식일을 만드시고 구별하신 하나님, 안식일보다 크신 하나님은 안식일 규정에서 예외였습니다. 랍비들은 그 사실을 힘주어 가르쳤고, 유대인들도 이 가르침에 전적으로 동의했습니다. 사람은 어떨까요? 창조자가 아니라 피조물인 사람은 안식일 규정에서 누구도 예외가 될 수 없습니다. 사람은 반드시 안식일 규정을 지켜야 한다고 생각했습니다.

안식일 논쟁은 복음서에서 종종 찾아볼 수 있습니다. 유대인들은 예수를 비난하며 질문했습니다. "네가 어찌하여 안식일을 범하느냐" 예수에 대한 그들의 생각을 정확하게 보여주는 말이지요. 한낱 사람인 네가 어떻게 안식일을 어기느냐는 말입니다. 이런 비난에 예수는 "아버지께서 일하고 계시니, 나도 일한다."라고 대답하셨습니다(17절, 새번역). 예수의 대답을 들은 유대인들은 기가 막혔을 겁니다. 이 대답의 의미가 무엇인지 알았기 때문입니다. 이 구절은 곱씹어 읽어볼 필요가 있습니다.

> 그 사람이 유대인들에게 가서 자기를 낫게 하신 분이 예수님이라고 말하자 유대인들은 안식일에 이런 일을 한다고 예수님을 핍박하기 시작했다. 그러나 예수님은 그들에게 '내 아버지께서 지금까지 일하시므로 나도 일한다.' 하고 말씀하셨다. 유대인들은 예수님이 안식일을 범할 뿐만 아니라 자신을 하나님과 똑같은 자리에 올려놓고 하나님을 친아버지라고 부른다는 이유로 더욱 예수님을 죽이려고 하였다. (요 5:15-18, 현대인의 성경)

예수의 이 말을 들었던 종교 지도자들의 생각이 귀에 쟁쟁하게 들리는 듯합니다.

"이것 봐라! 예수는 안식일을 범했을 뿐 아니라 자기가 안식일의 법에서 예외라고 주장한다. 그는 자신을 하나님과 동등한 위치에 놓는다. 신성모독이다. 예수를 죽이자, 죽여야 한다. 더는 살려둘 수가 없다."

안식일 규정을 알고 계시면서도 안식일에 38년 된 병자를 치료하신 예수는 유대인 지도자들과 안식일 논쟁을 벌였습니다. 이 논쟁 속에서 예수는 자신을 하나님과 동등한 위치에 올려놓으셨습니다. 예수의 가르침에 따르면 안식일에 38년 된 병자를 치유한 이적은 예수가 안식일에도 일할 수 있는 하나님의 아들임을 보여주는 표지판입니다. 이 표지판은 예수가 누구인지 구체적이고 분명하게 보여주기 위해 우리를 예수께로 더 깊숙이 이끌어 갑니다.

죄와 안식

예수께서 죄를 용서하심으로 안식을 회복시켜 주셨다는 진리를 톺아보고 싶습니다. 성경이 가르쳐 주고 경험으로 알듯이 죄는 안식을 파괴합니다. 죄를 범한 이후 아담과 하와는 에덴동산에서 쫓겨났습니다. 안식을 빼앗겼습니다. 안식과 평화가 깨진 결과는 사람 사이에서만 나타난 것이 아니라 땅에서도 나타났습니다. 땅은 아담과 하와에게 비협조적으로, 아니 적대적으로 변했습니다. 땅은 그들에게 좋은 열매가 아니라 오히려 심지 않은 가시와 엉겅퀴를 내기 시작했습니다. '가시와 엉겅퀴'를 함축적이며 시적인 비유로 볼 수 있지 않을까요?[6] 실제 가시와 엉겅퀴를 말할 뿐 아니라 사람과 세상의 안식을 파괴하는 가시와 엉겅퀴 같은 모든 것으로 말입니다. [7]

죄는 사람과 사람 관계에 가시와 엉겅퀴를 내고 사람이 땀 흘려 일하는 곳마다 가시와 엉겅퀴를 만듭니다. 더 정확하게 말하자면, 죄는 사람이 살아가는 모든 시간 모든 장소에 가시와 엉겅퀴를 만들어 냅니다. 의미는 더없이 분명합니다. 죄를 범한 사람에게 안식은 없다는 뜻입니다. 죄를 해결하지 않고서는 그 누구도 안식을 누릴 수 없습니다. 가시와 엉겅퀴를 만들어 내는 죄를 해결하지 않으면 그 어디에서도 안식을 찾을 수 없고, 안식에 참여할 수 없으며, 안식을 누릴 수 없습니다. 땅도 사람도 예외는 없습니다. 이 진리를 보여주는 사람이 바로 38년 된 병자입니다.

이 병자는 38년 동안 죄로 인해 안식을 잃고 유리표박하는 인생을 살았습니다. 흥미롭다고 할까요. 38년이란 시간은 민수기에서 이스라엘 백성들이 안식을 빼앗긴 채 광야를 떠돌아다닌 시간을 떠올리게 합니다. 하나님의 놀라운 은혜와 구원의 손길을 경험하면서 출애굽한 이스라엘 백성들이 약속의 땅에 바로 들어가지 못했습니다. 그들은 광야를 이리저리 방황하며 떠돌아다녔습니다.

안식 없는 삶을 살았다고 해도 지나치지 않습니다. 그들이 안식을 얻지 못하고 이리저리 방황하며 돌아다닌 이유가 무엇입니까? 죄입니다. 하나님을 신뢰하지 않고 말씀에 불순종하면서 하나님과 맺은 언약을 깨뜨렸기 때문입니다. 이런 맥락에서 본다면 38년 동안 중한 질병에 걸려 안식을 얻지 못하는 이 사람과 하나님을 불신하고 불순종을 일삼았던 광야의 이스라엘 백성은 참 많이 닮았습니다. 부끄럽지만 지금 여기 이 땅을 살아가는 우리와도 무척이나 닮았습니다.

38년 동안 중병에 시달린 사람과 38년(약 40년) 동안 광야를 떠돌았던 이스라엘 백성은 죄로 인한 가시와 엉겅퀴에 시달리며 안식을 잃어버린 모든 인생을 상징한다고 말해도 지나치지 않습니다. 베데스다 연못가의 38년 된 병자, 광야를 이리저리 떠돌아다니던 이스라엘 백성들, 그리고 이 시대를 살아가는 우리는 중한 죄에 짓눌려 안식을 잃어버린 인생입니다. 누가 우리의 크고 많은 죄를 용서하고 참 안식을 가져다줄까요?

십자가에 달리신 예수를 생각하다

사도 요한은 38년 된 병자를 고치신 표지판을 통해 십자가에 달리신 예수가 죄를 용서하고 안식을 가져다주시는 분이라고 말합니다. 십자가의 예수를 생각하면 쉽게 이해할 수 있습니다. 예수께서 십자가에 달리실 때 머리에 가시로 만든 면류관을 쓰셨습니다. 궁금하신 적이 없으셨습니까? 십자가에 달리신 예수께서 굳이 가시 면류관을 뒤집어써야 할 이유가 있었을까요? 가시로 만든 면류관을 뒤집어쓰지 않고 십자가에 달려 돌아가시면 우리를 구원하실 수 없어서였을까요? 아닙니다. 십자가에서 물과 피를 쏟으시고 생명을 주시는 것만으로 우리를 구원하실 수 있습니다. 충분하다 못해 차고도 넘칩니다.

그렇다면 왜 예수께서 가시로 만든 면류관을 뒤집어쓰시고 돌아가신 걸까요? 예수의 복음에 그 해답이 있습니다. 예수께서 우리 죄로 인해 이 땅에서 솟아 나온 가시, 모든 인생의 마음을 지독하게도 후벼 파며 안식을 빼앗고 파괴하던 그 가시로 만든 면류관을 뒤집어쓰신 채 십자가에 매달리셨습니다. 가시와 엉겅퀴로 인해 안식을 잃어버리고 빼앗긴 우리에게 안식을 주시기 위해, "수고하고 무거운 짐 진 자들아 다 내게로 오라. 내가 너희를 쉬게 하리라"라고 하신 당신의 말씀을 성취하시기 위해 예수는 가시 면류관을 뒤집어쓰신 채 십자가에 달려 돌아가셨습니다.

여전히 우리는 죄로 물든 세상을 살아갑니다. 우리가 살아가는 모든 시간 모든 장소에 가시와 엉겅퀴가 불쑥불쑥 솟아납니다. 또다시 예수께서 이 사람에게 하신 말씀을 주목해야 할 이유입니다. 예수께서는 그 사람을 다시 찾아가 더 악한 것이 생기지 않도록 다시는 죄를 범하지 말라고 가르치셨습니다. 말씀을 따라 살아가지 않고, 하나님의 말씀 안에 머물지 않고 죄를 짓는다면 안식을 빼앗기게 될 것이라는 엄중한 경고로 해석할 수 있습니다. 기억합시다. 내 안에 우리 안에 가시와 엉겅퀴가 돋아날 때 바로 그때가 예수의 십자가를 바라보아야 할 때입니다. 예수의 복음을 다시 들어야 할 때입니다.

가시관을 쓰신 십자가의 예수에게로

인생을 돌아보면서 하나님의 말씀을 따르지 않고, 말씀에 나를 맞추지 않으면 어김없이 가시와 엉겅퀴가 솟아 나오는 것을 깨닫습니다. 사소한 일 혹은 자존심 때문에 부부싸움을 합니다. 부부 간에 안식이 사라집니다. 부부가 대판 싸우면 가장 먼저 불안에 떠는 사람은 자녀입니다. 자녀에게 안식이 사라집니다. 자녀 간에도 시도 때도 없이 가시와 엉겅퀴가 돋아나 다투고 갈등합니다. 전쟁터와 같은 직장은 더 말할 것도 없습니다. 가정, 직장, 학교 등 일상에서 예수를 따르지 않고 죄를 따르면 어김없이 안식이 사라지는 것을 경험합니다. 죄가 있는 자리엔 어김없이 가시와 엉겅퀴가 솟아 나와 나를 찌르고, 가족을 찌르고, 주위 사람을 찌르는 것을 봅니다. 그렇게 안식이 사라집니다.

사도 요한은 38년 된 병자를 고치신 이적을 표지판 삼아 참된 안식을 회복시키시고 누리게 하시는 하나님의 아들 예수를 보여 줍니다. 이 표지판을 주목하면서 참 안식의 주인이신 예수께로 더 가까이 가고, 예수를 더 깊이 알아가면서 참된 안식을 누리라고 초대합니다. 가시로 만든 면류관을 쓰시고 십자가에 달려 돌아가신 예수, 십자가에서 물과 피를 흘리셔서 우리 죄를 용서하신 예수를 사귀어가고 예수를 더 깊이 알아갈 때 비로소 안식 없는 세상에서 풍성한 안식을 누리는 인생이 될 것입니다. 오직 예수만이 우리에게 참되고 영원한 안식을 주시는 분이기 때문입니다.

　38년 된 병자를 고치신 이 표지판을 통해 예수께로 더 가까이 나아가 예수를 더 깊이 알아갑시다. 예수를 알아가며 예수만이 주실 수 있는 참된 안식과 평화를 누리며 살아갑시다. 그런 시간이 차곡차곡 쌓일 때 우리는 안식 없는 세상에서 안식을 찾아 헐떡이며 살아가는 많은 사람에게 참된 안식의 주인이신 예수를 보여주는 표지판과 같은 사람이 될 것입니다. 아멘.

세 번째 이적 한 문장 요약

■ 38년 된 병자를 고치신 이적은 죄와 죄로 인해 돋아난 가시와 엉겅퀴를 걷어치우시고 참된 안식을 가져다주시는 하나님의 아들 예수를 보여주는 표지판입니다.

더 깊은 묵상을 위한 소그룹 나눔 질문

1. 이번 장을 읽으면서 새롭게 깨달은 점이나, 가슴에 깊숙이 와닿은 부분, 더 단단해진 확신이 있다면 이야기해 봅시다.

2. 38년 된 병자를 고치신 표지판이 보여주는 참 인간다운 예수에 관해 생각해 보고, 나를 만나주신 예수의 인간적인 면모에 관해 이야기해 봅시다.

3. 수많은 병자가 모여 있었던 베데스다 연못, 언제 천사가 내려와 물을 움직일지 모르는 베데스다 연못과 지금 우리가 살아가는 세상의 닮은 점이 무엇인지, 차이점은 무엇인지 생각해 보고 이야기해 봅시다.

4. 삶 속에서 죄의 결과로 돋아난 가시와 엉겅퀴로 안식을 빼앗기거나 잃어버린 일이 있었다면 이야기해 봅시다. 그 문제를 어떻게 해결할 수 있었는지 이야기해 봅시다.

4.
네 번째 표지판

요한복음 6:1-15

생명의 양식이신 예수를 보여 주다

익숙한 이야기 그 너머를 보다

예수께서 이 땅에 계실 때 갈릴리는 비참할 정도로 가난한 곳이었습니다. 예나 지금이나 가난한 사람에게 가장 큰 문제는 먹고 마시는 일입니다. 찢어지게 가난했던 갈릴리 사람들도 예외는 아니었습니다. 먹을 것이 없어서 풀뿌리 나무뿌리를 캐 먹었던 우리나라의 과거를 기억한다면 이스라엘 사람들의 형편을 조금 더 구체적으로 이해할 수 있습니다. 몹시 가난한 시대를 살아가는 사람에게 먹을 것을 제공하는 일은 단순히 밥 한 끼가 아닙니다. 몸과 마음을 어루만지는 일, 영혼을 돌보는 일, 생명을 부양하는 일이라 말해도 좋을 것입니다. 이 시선에서 보면 보리떡 다섯 개와 작은 물고기 두 마리(이하 오병이어)로 남자만 오천 명이 넘는 사람을 배부르게 먹이신 사건은 직접 경험한 사람은 말할 것도 없고 이야기를 전해 들은 사람들에게도 그야말로 엄청난 사건이었음이 분명합니다.

그리스도인에게 오병이어로 남자 성인만 오천 명을 먹이신 이적은 너무나 익숙한 말씀입니다. 적어도 한두 번은 아니 여러 번 설교를 들으신 분도 계실 겁니다. 주일학교를 다니신 분이라거나, 주일학교 교사로 봉사하시는 분이라면 마르고 닳도록 들었을 아주 유명한 성경 이야기입니다. 실제 오병이어 사건은 마태, 마가, 누가, 요한복음서 저자가 모두 기록해 놓았습니다. 그만큼 이 이적은 중요하고 깊은 의미가 있습니다.

말씀을 풍성하게 이해하기 위해 먼저 요한복음에는 기록되지 않은 마태, 마가, 누가복음에 기록된 말씀부터 살펴보겠습니다. 마태, 마가, 누가복음에서는 오병이어 사건이 일어난 장소가 어디인지 밝힙니다. 바로 '빈 들'입니다(마14:13, 막6:35, 눅6:12). '빈 들'이란 황량한 '불모지, 광야'를 가리키는 단어입니다. 당시 유대인들은 '빈 들'이란 말을 들으면 자연스럽게 '광야'를 떠올렸을 것입니다. 마태, 마가, 누가가 오병이어 사건이 일어난 장소를 콕 집어서 '빈 들'이라고 밝힌 의도가 여기에 있습니다. 출애굽 백성이 40년 동안 떠돌아다녔던 빈 들, 다시 말해 광야를 떠올리게 하려는 것입니다.

광야 세대를 생각하다

성서 시대 이스라엘 백성에게 먹고사는 일은 생사가 달린 심각한 문제였습니다. 그중 가장 심각했던 때를 꼽아야 한다면 단연코 출애굽 한 이스라엘 백성이 광야(빈 들)를 떠돌아다닐 때라고 해야 할 것입니다. 광야는 말 그대로 먹고 마실 것이 전혀 없는 장소입니다. 광야를 떠돌아다닐 때 먹고 마시는 일은 이스라엘 민족의 생존과 직결된 문제였습니다. 이스라엘 백성이 광야를 하루

이틀 돌아다닌 것이 아닙니다. 무려 약 40년이라는 길고 긴 시간 동안 광야라는 척박한 땅을 떠돌아다녔습니다. 광야에서 보낸 40년이라는 시간은 이루 말할 수 없이 길고 힘든 시간이었으리라 짐작할 수 있습니다.

우리나라에는 광야라 부를만한 곳이 마땅찮아 광야를 체감하기가 쉽지 않습니다. 고맙게도 미국에서 유학할 때 아내와 함께 서부여행을 한 적이 있습니다. 주 목적지는 그랜드 캐니언이었습니다. 학교 기숙사가 있던 텍사스 달라스에서 그랜드 캐니언까지 거리가 꽤 멀었습니다. 시속 120킬로로 한 번도 쉬지 않고 달리면 20시간 정도 걸리는 거리였으니까요. 그 먼 거리를 달리는 동안 황량한 광야와 같은 곳을 무려 열 시간가량 달렸습니다. 전후좌우로 자잘한 나무와 건조한 땅 외에는 아무것도 없는 곳이었습니다.

한 번은 다른 목사님 가정과 함께 서부 여행을 하던 중 광야 같은 곳에서 기름 부족 경고등이 들어오는 사태가 벌어졌습니다. 머릿속이 캄캄해졌습니다. 운전하던 목사님과 조수석에 앉아 있던 저, 우리 두 사람의 마음이 타들어 갔고 땀은 비처럼 흐르기 시작했습니다. 처음 든 생각은 '죽을 수도 있다.'였습니다. 그럴 리 없겠지만, 만약 도와주는 사람이 아무도 없다면 음식과 물을 구하지 못해 죽을 수도 있겠다 싶었습니다. 모르긴 해도 이스라엘 백성이 떠돌아다녔던 광야는 그보다 더 심각한 장소였을 것입니다. 게다가 도와줄 사람은 눈을 씻고 찾아봐도 없었습니다.

놀랍게도 수백만에 달하는 이스라엘 민족은 광야에서 보낸 40년 동안 한 번도 굶주리지 않았습니다. 심지어 입을 옷과 신발이 없어 헐벗지도 않았습니다. 먹을 것과 마실 것이 매우 제한된 장소, 아니 먹고 마실 것이 아예 없는 곳 광야에서 수백만 민족이 배부르게 먹었습니다. 심지어 그 많은 가축이 먹을 양식과 물까지 넉넉했습니다. 말도 안 되는 일, 상상조차 할 수 없었던 일이 일어난 겁니다. 어떻게 그럴 수 있을까요? 하나님이 그들의 공급자가 되어 주셔서 만나를 내려주셨고, 마실 물을 공급해 주셨기 때문입니다. 무한한 공급자이신 하나님 때문에 가장 척박한 광야에서도 이스라엘 민족은 배부르게 먹고 마실 수 있었고, 신발과 옷이 해어지지 않는 기적을 경험했습니다. 이것이 복음서 저자들이 '빈 들'이란 단어로 전하려 했던 메시지입니다.

오병이어와 광야 만나 사건

복음서 저자의 의도를 따라 오병이어 사건과 출애굽 백성들을 먹이신 광야 만나 사건을 연결해서 보아야 합니다. 빈 들과 광야, 남자만 오천 명이 넘는 많은 사람과 광야의 수많은 이스라엘 백성, 오병이어와 만나, 그들을 먹이신 예수와 하나님이 기막히게 연결됩니다. 복음서 저자들은 기가 막힌 대조와 비교를 사용해서 '빈 들'에서 오병이어로 수천 명의 사람을 먹이신 예수와 광야에서 만나로 이스라엘 민족을 먹이신 하나님을 연결해 놓았습니다. 이 연결을 통해 복음서 저자들은 '빈 들'에서 오병이어로 수많은 사람을 먹이신 예수가 누구인지 질문하고 생각하게 만듭니다.

이제 오늘 우리가 본문으로 삼은 요한복음으로 돌아가 보겠습니다. 공관복음이 오병이어가 일어난 장소가 어디인지 밝힌다면, 요한은 오병이어 사건이 일어난 때가 언제인지 밝힙니다. 때와 장소 두 가지를 동시에 살펴보면 오병이어로 오천 명을 먹이신 표지판에 담긴 의미를 더욱 깊고 풍성하게 이해할 수 있습니다. 사도 요한이 밝힌 오병이어의 사건이 있었던 때가 언제입니까? 4절에 그 대답이 나옵니다.

마침 유대인의 명절인 유월절이 가까운지라 (요 6:4, 개역 개정)

요한이 분명하게 밝힌 것처럼 이때는 유월절이 가까운 때입니다. 유월절은 출애굽 사건을 기억하는 이스라엘 최대의 명절입니다. 유월절이 되면 이스라엘 백성들은 하나님의 말씀대로 어린양을 잡아 그 피를 문설주에 발랐고 잡은 어린양을 먹었습니다. 유월절 어린양을 잡고 피를 바르고 먹으면서 하나님의 은혜로 종살이하던 애굽에서 벗어난 역사를 기억하고, 자유인이 된 것을 기넘했습니다.

탁월한 저자인 사도 요한은 유월절과 오병이어 이적 사건을 연결해 놓았습니다. 일종의 포석 두기라고 할까요? 요한은 이미 세례 요한의 말을 인용해서 예수를 향해 세상 죄를 지고 가는 하나님의 어린양이라고 선포했습니다(요 1:29). 6장에서 요한은 참 생명을 얻기 위해 생명의 빵이신 예수의 살을 먹고, 참된 음료인 예수의 피를 마셔야 한다고 말했습니다. 요한복음 6:54~55 말씀을 읽어보겠습니다.

> 나의 살을 먹고 나의 피를 마시는 사람은 영생을 얻으며, 나도 그 사람을 마지막 날에 부활시킬 것이다. 나의 살은 참된 음식이며 나의 피는 참된 음료다. (요 6:54-55, 메시지 성경)

말씀처럼 예수는 자기에게 나아오는 자에게 생명의 떡을 풍성하게 주셔서 배고프지 않게 하시고, 생명의 물을 넘치게 주셔서 목마르지 않게 할 것이라고 선포하셨습니다. 이 말씀을 들은 유대인들은 예수의 가르침을 도무지 이해할 수 없었습니다. 말도 안 되는 소리를 한다고 생각했습니다. 예수께서는 이 논쟁을 통로 삼아 이 이적이 가리키는 것이 무엇인지 친절하고 자세하게 가르쳐 주셨습니다. 이 이적을 일으키신 예수께서 직접 이적의 의미를 해설해 주신 것이지요. 일종의 '저자 직강'이라고 해도 좋을 것 같습니다. 예수의 해설을 따라 이 표지판이 가리키는 예수가 누구인지 찾아가 보겠습니다.

오병이어 사건과 예수의 해설

요한복음 6장 22절부터 71절까지 말씀은 오병이어 사건 때문에 일어난 유대인과 예수의 논쟁입니다. 6:1~15절이 오병이어 표지판이라면 6:22~71절까지 무려 50절에 이르는 말씀이 오병이어 표지판 때문에 일어난 논쟁입니다. 실제 일어난 충격적인 사건보다 이 사건 때문에 일어난 논쟁과 해설의 분량이 훨씬 많습니다. 무슨 말입니까? 이 표지판을 제대로 이해하려면 이 표지판을 해석하고 해설해 주신 예수의 말씀을 주목해야 한다는 뜻입니다. 그 때 비로소 오병이어 표지판이 가리키는 분명하고도 깊은 의미를 찾아낼 수 있습니다.

예수의 해석과 해설을 톺아보겠습니다. 오병이어 사건 후 많은 사람이 예수께로 몰려들었습니다. 상상도 못 한 기적을 일으킨 예수를 왕으로 삼고 싶은 마음이 불일 듯 일어났기 때문입니다. 그들의 마음을 꿰뚫어 보신 예수는 그들이 몰려온 이유가 진리 때문이 아니라 먹고 배불렀기 때문이라고 지적하셨습니다. 예수의 지적을 들은 유대인들도 가만히 있지 않았습니다. 그들은 만나 이야기를 꺼냈습니다. '하나님은 광야에서 자기 조상들에게 만나를 내려 먹게 하셨다. 만나로 수많은 백성을 먹이시면서 하나님을 신뢰하게 하셨다. 너는 무슨 표적을 행하여 우리로 믿게 하겠느냐'라고 질문했습니다. 뭔가 보여 달라는 말입니다. 유대인의 직선적인 요구를 들으신 예수는 자신이 하늘에서 내려온 생명의 빵이라고 대답하셨습니다. 35절 말씀입니다.

> 그러자 예수께서 그들에게 말씀하셨습니다. 내가 바로 생명의 빵이다. 내게 오는 사람은 결코 배고프지 않고 나를 믿는 사람은 결코 목마르지 않을 것이다. (요 6:35, 우리말 성경)

광야에서 먹은 만나는 영생하게 하는 양식이 아니었습니다. 만나를 먹었지만, 그들의 조상들은 죽었습니다(58절). 마찬가지로 예수께서 주신 오병이어를 먹은 사람들도 죽을 것입니다. 많은 사람이 빈 들에서 먹었던 오병이어 역시 광야에서 먹은 만나처럼 영생하게 하는 양식이 아니기 때문입니다. 예수는 만나와 오병이어는 그림자일 뿐이라고 말씀하셨습니다. 오병이어라는 표지판을 통해 그 표지판이 가리키는 실제이자 실체인 당신의 살을 먹고 피를 마셔야 한다고 말씀하셨습니다.

이 표적이 보여주는 것

사도 요한이 오병이어로 수많은 사람을 먹이신 표지판을 통해 진짜 하고 싶었던 말, 진짜 보여주고 싶었던 것이 바로 이것입니다. 생명을 얻게 하는 만나, 하나님이 하늘에서부터 내려주신 생명의 빵, 다시는 목마르지 않게 하는 생명의 물이신 하나님의 아들 예수를 먹고 마시는 것입니다. 그렇습니다. 요한은 오병이어로 오천 명을 먹이신 이 놀라운 이적을 생명의 양식이요 생명의 음료이신 예수를 보여주는 놀랍고도 아름다운 표지판으로 삼습니다.

예수의 말씀을 들었던 유대인 역시 쉽게 물러설 생각은 없었습니다. 그들은 '도대체 어떻게 예수의 살을 먹고 피를 마실 수 있느냐?'라고 질문했습니다. 자기 살을 줘서 먹게 하고, 자기 피를 주어서 마시게 할 수 있냐고 조롱하고 비웃었습니다. 예수께서는 어떤 의미로 당신의 살을 먹고 자기 피를 마시라고 하신 걸까요? 이 말에 담긴 진짜 의미는 무엇일까요? 유대인들은 어떻게 당신의 살을 먹고, 피를 마실 수 있냐고 질문했습니다. 우리도 궁금합니다. 어떻게 예수의 살을 먹고 피를 마실 수 있을까요? 이 말씀에 담긴 진짜 의미는 무엇일까요? 계속해서 예수의 해설을 따라가 보겠습니다.

이 질문을 받으신 예수께서는 썩을 양식을 위해 일하지 말고, 영생하도록 있는 양식을 위해 일하라고 말씀하셨습니다(27절). 유대인들은 어떻게 하면 하나님의 일을 할 수 있는지 되물었지요. 그때 예수께서 주신 말씀에 이 질문에 대한 대답이 담겨 있습니다. 요한복음 6:29 말씀입니다. 읽어보겠습니다.

> 예수께서 그들에게 대답하여 말씀하셨다. 하나님께서 보내신 이를 믿는 것이 곧 하나님의 일이다. (요 6:29, 바른 성경)

예수의 말씀을 정리하면 다음과 같습니다. 첫째, 썩어 없어질 양식을 위해 일하지 말고, 영생에 이르도록 남아 있을 양식을 얻으려고 일하라. 둘째, 영생하도록 남아 있을 양식 얻는 길은 하나님의 일을 하는 것이다. 셋째, 하나님의 일은 하나님께서 보내신 이를 믿는 것이다. 이 말씀은 예수의 살을 먹고 예수의 피를 마시는 것이 무엇을 뜻하는지 분명하게 알려줍니다. 그것은 하나님이 보내신 하나님의 아들 예수를 믿는 것입니다.

예수를 먹고 마시다

광야에서 먹는 문제로 예수께서 사탄의 유혹을 받으실 때 예수께서 하셨던 말씀을 보면 예수의 살을 먹고 피를 마신다는 말을 쉽고 분명하게 이해할 수 있습니다. 광야에서 40일을 금식하시고 굶주린 예수에게 사탄은 눈앞에 있는 돌을 빵으로 만들어 먹으라고 유혹했습니다. 그때 예수께서 사탄을 물리치시며 하신 말씀을 읽어봅시다.

> 예수께서 대답하셨다. "성경에 기록하기를 '사람이 빵으로만 살 것이 아니라, 하나님의 입에서 나오는 모든 말씀으로 살 것이다' 하였다."(마 4:4, 새번역)

사람은 음식이 필요합니다. 빵이 있어야 살 수 있지만, 빵으로만 살 수는 없습니다. 무엇보다 빵만 먹어서는 하나님의 생명에 참여할 수 없습니다. 광야에서 만나를 먹었던 조상들이나, 오병이어로 배부른 사람들이 그것 먹었다고 자동으로 하나님의 생명을 얻는 것은 아닙니다. 하나님의 생명에 참여하기 위해서는 생명의 말씀이신 예수를 먹고 마셔야 합니다.

사도 요한은 예수가 말씀이요, 말씀이신 예수가 육신을 입고 우리 가운데 오셨다고 선포했습니다(요 1:14). 예수의 살을 먹고 피를 마시는 것은 말씀이신 예수를 믿는 것이며, 예수께서 하신 말씀을 믿는 것입니다. 말씀을 읽고, 듣고, 지켜 행하는 것, 말씀을 주야로 묵상하는 것, 말씀을 사랑하고 가까이하는 것, 말씀에 순종하고 말씀에 이끌리며 살아가는 것이 곧 예수를 먹고 마시는 것입니다. 말씀을 통해 말씀이신 예수를 알아가고 말씀이신 예수를 믿고, 예수의 말씀에 순종할 때 하나님의 생명을 얻고, 그 생명에 참여하며, 그 생명을 풍성히 누릴 것입니다.

요한은 오병이어로 오천 명을 먹인 이적을 표지판 삼아 하늘로부터 내려온 진정한 만나, 생명의 양식과 음료이신 예수를 가리킵니다. 이 표지판은 말씀이신 예수를 가까이하고, 예수의 말씀을 읽고, 듣고, 지켜 행하는 것이 생명의 양식이신 예수를 먹고 마시는 일이라고 말합니다. 사도 요한은 오병이어 사건을 기록하면서 다른 복음서에 나오지 않는 독특한 표현을 사용했습니다. '원대로 주시니라'는 표현입니다(요 6:11). 요한은 자기에게 나아오는 자에게 생명의 떡을 풍성하게 주셔서 배고프지 않게 하시고 생명의 물을 넘치게 주셔서 목마르지 않게 하시는 분이 예수라고 선포합니다. 생명을 주시되 풍성하게 주시는 예수를 보여주고 가리키는 표현입니다(요 10:10).

밥집(베들레헴)에 태어나 밥그릇(구유) 위에 누이신 예수는 나신 모습 그대로 우리의 참된 양식이요, 음료가 되어 주셨습니다. 오병이어라는 표지판을 통해 말씀이신 예수를 더 사랑하고, 예수의 말씀을 더 가까이하고, 더 무겁게 여깁시다. 말씀을 가까이하고 말씀에 이끌리는 삶을 살아갑시다. 그것이 곧 하나님의 생명에 참여하는 일이며, 하나님 나라에 참여하여 그 나라를 사는 삶입니다.

요한이 제시한 오병이어라는 표지판을 통해 생명의 양식이신 예수를 먹고 마시는 사람은 이미 하나님의 생명을 얻은 사람입니다. 하나님의 생명에 참여한 사람은 이 땅에서 이미 하나님 나라에 참여한 사람이며, 그 나라를 살아가는 사람입니다. 예수를 먹고 마시면서 하나님 나라를 살아가는 바로 그 사람을 통해 세상이 하나님 나라를 목격하는 것은 지극히 자연스러운 일입니다. 이 표지판이 가리키는 생명의 양식이신 예수를 더 많이 먹고 마시면서 하나님 나라를 보여주는 사람으로 변하고 자라고 성숙해 갑시다. 아멘.

네 번째 이적 한 문장 요약

■ 오병이어로 오천 명을 먹이신 이적은 생명의 양식이신 예수의 살을 먹고 피를 마심으로(예수를 믿음으로) 하나님의 생명에 참여할 수 있다는 진리를 보여주는 표지판입니다.

더 깊은 묵상을 위한 소그룹 나눔 질문

1. 이번 장을 읽으면서 새롭게 깨달은 점이나, 가슴에 깊숙이 와닿은 부분이 있다면 정리해 보고 이야기해 봅시다.

2. 오병이어 이적을 읽고 들으면서 그동안 이 이적에 관해 궁금했던 점이 무엇인지 이야기해 보고, 어떻게 해답을 찾았는지 이야기해 봅시다.

3. 사도 요한은 오병이어 이적을 표지판 삼아 예수의 살을 먹고, 예수의 피를 마셔야 참 생명을 얻는다고 가르쳐 줍니다. 예수의 살을 먹고 피를 마신다는 말을 어떻게 이해하고 있는지 이야기해 봅시다.

4. '예수 믿는다'는 말을 나는 어떤 의미로 사용하고 있습니까? 사도 요한이 오병이어 표지판으로 제시한 '예수 믿는다'는 말의 의미와 어떤 차이가 있는지 이야기해 봅시다.

5.
다섯 번째 표지판

요한복음 6:16-21

하나님 나라의 안내자이신 예수를 보여 주다

예수께서 바다 위를 걸으신 이적은 요한복음뿐 아니라 마태복음과 마가복음에도 기록되어 있습니다. 특히 마가복음 말씀은 요한복음에 기록된 말씀을 이해하는 데 큰 도움을 줍니다. 먼저 마가가 기록한 이 사건을 잠깐 살펴본 후에 요한복음 본문을 살펴보겠습니다.

마가는 이 사건을 아주 독특한 언어로 표현해 놓았습니다. "예수께서 저희에게 오사 지나가려고"라는 표현입니다. 생각해 보십시오. 거센 바람이 휘몰아치는 캄캄한 바다 위에서 생사를 걸고 몸부림치는 제자들을 두고 예수께서 지나가려고 하셨습니다(막 6:48). 잘못 읽은 것이 아닙니다. 예수께서 제자에게 가신 것이 아니라 지나가려고 하셨습니다. 아무리 생각해도 뭔가 이상합니다. 정말 문자 그대로 예수께서 거친 바람과 파도와 생사를 건 사투를 벌이는 제자들을 버려두고 냉정하게 지나가려 하신 걸까요? 그것이 아니라면 이 말씀에 숨어 있는 다른 의미가 있는 걸까요? 그렇다면 이 말씀에 담긴 진짜 의미는 무엇일까요?

마가가 사용한 '지나가다'라는 단어는 예수께서 바다 위를 걸으신 사건이 매우 특별한 일임을 가르쳐주는 열쇠입니다. 여기서 사용한 '지나가다'라는 단어는 구약에서 하나님의 임재를 가리킬

때 쓰는 단어로 하나님께서 어떤 메시지를 전달할 목적으로 개인이나 집단을 선택하시고, 그들에게 나타나시는 순간을 묘사할 때 사용하는 일종의 전문용어입니다. 구약 성경에서 이 단어를 사용한 예를 보면 쉽게 이해할 수 있습니다.

모세와 엘리야를 통해 보는 표적의 의미

먼저 출애굽기 33장에 이 단어가 등장합니다. 시내 산에서 하나님은 모세를 만나셨고 대화하셨습니다. 하나님 앞에 선 모세는 자신과 이스라엘 백성이 하나님의 은혜입은 사람이라는 것을 확인하고 싶었습니다. 하나님의 사랑을 확인하고 싶은 마음입니다. 모세의 인간적인 면모를 확인할 수 있는 대목이기도 합니다.

모세가 하나님의 사랑을 확인하고 싶었던 방법이 흥미롭습니다. 모세는 자신이 하나님의 은혜를 입은 사람이라면 하나님의 영광을 보게 해달라고 요청했습니다. 곰곰 생각해 보면 조금도 어색하거나 이상하지 않습니다. 모세와 같은 생각을 하지 않은 그리스도인이 얼마나 될까요? 모세도 우리처럼 하나님의 얼굴을 보고 싶어 했습니다. 무모해 보이고, 도발적으로 보이는 요청을 하나님께 거침없이 할 수 있다는 것도 한편으론 은혜입니다. 하나님은 모세의 도발적인 요청을 진지하게 받아주셨습니다. 하나님이 얼마나 좋으신 분인지 보여주는 장면입니다. 모세의 담대한 요청을 들으신 하나님은 하나님의 얼굴을 보고 살 수 있는 사람이 아무도 없다고 말씀해 주셨습니다. 하나님의 얼굴을 보여주지 않으시는 것이 배려이자 사랑이며 은혜라는 말씀입니다. 하나님은 모세의 요청을 거절하셨지만, 기대하지 않은 은혜를 주셨습니다. 당신의 등을 보여주시겠는 말씀입니다. 바로 그때 하나님께서 '지나가다'라는 단어를 사용하셨습니다.

> 나의 영광이 지나갈 때에, 내가 너를 바위틈에 집어넣고, 내가 다 지나갈 때까지 너를 나의 손바닥으로 가리워 주겠다. (출 33:22, 새번역)

모세의 이야기를 통해 알 수 있듯이 '지나가다'라는 단어는 하나님의 임재를 표현할 때 사용하는 단어입니다.

두 번째는 하나님께서 엘리야에게 나타나실 때입니다. 갈멜산에서 엄청난 승리를 거둔 후 엘리야는 여왕 이세벨의 협박을 받았습니다. 목숨을 건 대결에서 승리했지만, 목숨을 노리는 협박 앞에서 엘리야는 전혀 예상하지 못한 심한 탈진과 우울증을 겪었습니다. 자기 목숨을 노리는 이세벨을 피해 광야로 달아난 그는 변변한 그림자조차 제공하지 못하는 로뎀나무 아래 누워서 죽기 원했습니다. 엘리야의 심정과 상황이 얼마나 초라했는지 보여주는 장면입니다.

하나님은 몸과 마음은 물론 영혼까지 낙담한 엘리야를 돌보셨습니다. 숯불에 구운 빵을 먹이시고, 병에 담긴 물을 마시게 하셨습니다. 하나님의 돌보심으로 새로운 힘을 얻은 엘리야는 사십 주야를 달려 하나님의 산 호렙에 도착했습니다. 그곳에서 그는 하나님의 임재를 경험했습니다. 그때 하나님께서 엘리야에게 하셨던 말씀을 읽어보겠습니다.

> 여호와께서 말씀하셨습니다. "산으로 가서 여호와 앞에 서 있어라. 이제 곧 내가 지나가겠다."(왕상 19:11, 우리말 성경)

하나님께서 엘리야에게 찾아오실 때 사용한 단어가 바로 "지나가다"입니다. 하나님께서 탈진과 심한 우울증에 시달리던 엘리야 앞으로 지나가시면서 그를 만나주시고, 회복시켜 주셨습니다. 모세와 엘리야의 이야기를 통해 알 수 있듯이 '지나가다'라는 단어는 하나님의 임재를 나타낼 때 사용하는 전문용어입니다. 구약에서 하나님의 임재를 나타낼 때 사용한 이 단어를 신약 헬라어로 번역한 단어가 바로 마가가 사용한 '지나가다'라는 단어입니다.

마가는 하나님께서 모세와 엘리야에게 임하실 때 사용한 단어를 예수께 사용했습니다. 이 단어를 통해 예수가 누구인지 보여주는 마가의 의도이자 마음입니다. 마가가 사용한 단어의 의미를 따라 이 말씀을 보면 보이지 않았던 것이 보이기 시작합니다. 예수께서 물 위를 걸어 제자들 곁을 지나가려 하셨다는 말은 풍랑으로 고난을 겪는 제자들을 보고도 무심하게 지나갔다는 뜻이 아닙니다. 풍랑 이는 바다 위를 걷는 신기한 능력을 보여주려는 것은 더더욱 아닙니다. 예수께서 바람이 휘몰아치는 바다 위를 걸으신 이적은 풍랑 이는 바다 위에서 심한 고난을 겪는 제자들에게 임재하셔서 그들을 인도하시는 하나님의 아들 예수를 보여주는 표지판입니다.

시간과 장소

이 관점을 가지고 요한이 바다 위를 걸으신 이적을 통해 보여주고 알려주려는 진정한 의미가 무엇인지, 이 표지판을 통해 우리가 만나고, 알아야 할 예수는 어떤 분인지 살펴보겠습니다. 반복해서 말씀드리지만, 요한복음에서 사도 요한은 '때'와 '시간'을 무척 강조합니다. 본문에서도 요한은 예수께서 바다 위를 걸으신 이적이 일어난 시간이 언제인지 알려줍니다.

17절을 보면 '이미 날이 어두워졌다'는 말씀이 있습니다. 여기서 어두워졌다는 말은 앞뒤를 분간하기 어려울 만큼 어둡다는 뜻입니다. 요한은 '이미'라는 단어를 사용해서 이 사건이 일어난 때가 한밤중이라는 것을 알려줍니다. 마태와 마가는 그때가 밤 4경,

즉 새벽 3~6시 사이였다고 말합니다. 예수께서 물 위를 걸으신 사건이 하루 중 가장 어두울 때 일어났다는 사실을 알 수 있습니다.

예수께서 아직 그들에게 오시지 않은 상태에서 밤은 깊었습니다. 온 세상이 캄캄하게 되었으며, 가장 짙은 어둠이 깔렸습니다. 이것이 전부가 아닙니다. 제자들은 칠흑같이 어두운 밤, 갈릴리 바다 한가운데서 휘몰아치는 거친 바람과 파도를 만났습니다. 마태는 바람과 물결 때문에 제자들이 심한 고난을 겪고 있었다고 말합니다.

친절한 저자 요한은 제자들이 타고 있었던 배의 위치까지 알려줍니다. 헬라어로는 "한 25~30스타디온 쯤 갔을 때에"라고 기록해 놓았습니다. 개역 개정에서는 "제자들이 노를 저어 십여 리쯤 가다가"라고 번역해 놓았습니다. 지금 거리로 환산한다면 4.6킬로에서 5.6킬로 정도 되는 거리입니다. 갈릴리 호수의 직선거리가 대략 8킬로 정도이니 제자들은 거의 갈릴리 호수 가운데 있었다는 것을 알 수 있습니다. 요약해 볼까요. 제자들이 배를 타고 나갔고 밤은 점점 더 깊어졌습니다. 어둠이 절정에 달했을 때 제자들은 갈릴리 바다 한복판에 있었고, 거기서 휘몰아치는 바람과 집어삼킬 듯 밀려드는 파도를 만났습니다. 살 소망이 없다는 뜻과 별반 다르지 않습니다.

치명적인 문제가 아직 남았습니다. 그 시간 그 장소에 예수께서 같이 계시지 않았다는 사실입니다. 캄캄한 밤 거센 바람과 파도가 휘몰아치는 갈릴리 호수 한복판에 있는 위태로운 작은 배는 예수 없는 인생의 모습을 정확하게 보여줍니다. 갈 바를 알지 못할 뿐 아니라 갈 곳이 없는 인생입니다. 바로 그때 예수께서 물 위를 걸어 제자들에게로 오셨습니다. 요한은 시간과 장소를 사용해서 예수 없는 인생이 얼마나 비참하고 비극적인지 잘 보여줄 뿐 아니라 예수가 그 모든 비극을 끝내시며 문제를 해결하시는 분임을 보여줍니다. 말씀을 조금 더 자세하게 살펴보면서 이 표지판이 보여주는 예수가 어떤 분인지 찾아보겠습니다.

어떻게 예수를 알아보지 못할 수가 있을까?

제자들은 물 위를 걷는 어떤 존재를 보고 혼비백산했습니다. 조금 전만 해도 휘몰아치는 바람과 집어삼킬 듯 달려드는 파도 때문에 두렵고 정신이 없었는데, 지금은 휘몰아치는 바다 위를 걷는 유령 같은 존재가 더 두려웠습니다. 성경 이야기를 너무 잘 아는 우리는 어떻게 제자들이 예수를 알아보지 못했을까? 도대체 예수가 아니라면 누가 물 위를 걸을 수 있단 말인가? 쉽게 생각하는 경향이 있습니다. 조금만 생각하면 우리가 얼마나 어리석고 교만한지 알 수 있습니다. 우리 삶에 폭풍이 몰아칠 때, 산더미 같은 파도가 나와 가족을 덮칠 때, 실망과 의심의 물결이 솟구쳐오를 때, 시험과 환란 한가운데 있을 때면 우리 역시 제자들만큼이나 아니 제자들보다 더 바로 옆에 계신 예수를 알아보지 못합니다. 때때로 바로 옆에 계신 예수를 알아보려면 믿음의 눈이 필요합니다.

그때 예수께서는 두려워 벌벌 떠는 제자들을 향해 "나다, 두려워하지 마라!"라고 말씀하셨습니다. 예수께서 제자들에게 하신 이 말씀은 예수께서 만들어 내신 말이 아닙니다. "나다"라는 이름은 출애굽기 3장에서 하나님께서 모세를 부르실 때 모세에게 알려주신 하나님의 이름입니다. 하나님께서 모세에게 "나다"라고 말씀하셨다면 예수께서는 두려움에 떠는 제자들에게 "나다"라고 말씀하셨습니다.[8] 풍랑 이는 캄캄한 바다 한가운데서 예수는 하나님의 이름을 직접 사용하셔서 자신이 하나님이요, 하나님의 아들임을 계시하셨습니다. 정말로 예수가 "나다"라는 하나님의 이름을 사용할 수 있는 분이라면 이 절박한 상황을 새롭게 바꾸어 주셔야만 합니다. 결과는 기록된 그대로입니다. 예수께서는 단번에 이 상황을 정리하셨습니다.

예수를 알아본 제자들은 기뻐서 예수를 배 안으로 모셨습니다. 마가복음을 보면 예수께서 배에 오르시자 바람이 가라앉았다고 기록해 놓았습니다. 그렇습니다. 예수께서 배에 오르시자 모든 것이 제자리를 찾았습니다. 예수께서 배에 오르시자 생명을 위협

하던 바람이 잠잠해지고 몰아치던 파도가 잔잔해졌습니다. 예수께서 배에 오르시자 모든 두려움이 사라지고 기쁨이 터져 나왔습니다. 예수께서 오르시자 갈피를 잃고 이리저리 방황하던 사람들이 평안을 누렸을 뿐 아니라 목적지에 곧 도착했습니다(21절). 사도 요한은 바다 위를 걸으신 이적을 표지판 삼아 예수가 우리를 인도하시는 선한 목자라는 진리를 여실히 드러냅니다. 이 표지판이 가리키는 진리는 오병이어 표지판과 연결해서 보면 더욱 선명하게 드러납니다.

요한복음 6장은 햄버거 장

요한복음 6장 구조를 살펴보면 6장 전체가 샌드위치 또는 햄버거와 같다는 사실을 발견할 수 있습니다. 보십시오. 1절부터 15절 말씀은 오병이어 이적을 다루고 있습니다. 22절부터 71절까지 말씀은 오병이어 사건 때문에 일어난 예수와 유대인의 논쟁기사입니다. 오병이어 이적 사이에 바다 위를 걸으신 이적이 쏙 들어가 있습니다. 문맥을 따지자면 16~21절까지 기록된 예수께서 바다 위를 걸으신 이적을 빼고 15절에서 곧바로 22절로 가는 것이 훨씬 자연스럽습니다. 바다 위를 걸으신 사건을 오병이어 사건과는 별개로 앞에 넣거나, 뒤에 넣어서 읽게 해도 아무런 문제가 없습니다. 오히려 문맥상 그렇게 읽는 것이 훨씬 더 자연스럽습니다.

어떻게 된 일인지 요한은 바다 위를 걸으신 이적을 오병이어 이적과 오병이어 때문에 일어난 논쟁 가운데 넣어두었습니다. 이 두 사건을 따로 떼서 살펴볼 수도 있지만, 이 두 사건을 연결해서 보아야 한다는 뜻입니다. 햄버거나 샌드위치를 먹을 때 빵과 속을 함께 먹는 것처럼 예수께서 바다 위를 걸으신 이적과 예수께서 오병이어로 오천 명을 먹이신 사건을 연결해서 읽어야 합니다. 그때 비로소 이 두 이적을 요한의 의도대로 읽어낼 수 있습니다.[9] 우리가 이 본문 앞에서 던질 질문은 분명합니다. 사도 요한이 이 두 사건을 교차해서 기록해 놓은 목적, 의도, 이유가 무엇일까요?

영생하는 양식

오병이어 이적은 필연적으로 광야에서 생활할 때 먹었던 만나로 연결됩니다. 이스라엘 백성이 만나를 먹고 마셨던 시간과 장소는 어디입니까? 광야를 떠돌아다닐 때입니다. '광야'가 핵심입니다. 광야는 먹을 것이 부족하고 마실 물이 부족하며 안전하게 잠잘 수 있는 곳이 부족한 곳입니다. 게다가 이스라엘 백성은 가는 모든 곳이 초행길입니다. 그들은 이전에 이 길을 지나 본 적이 없습니다. 어디로 가야 마실 물이 있는지, 어디로 가야 쉴 만한 곳이 있는지, 어디로 가야 적과 독충이 없는지 아무것도 모릅니다.

첫 유학 시절 아내와 함께 댈러스 다운타운(Downtown)에 들어갔을 때였습니다. 내비게이션이 없던 때였습니다. 다운타운에 들어가고 난 후에야 비로소 알게 된 사실이 있었습니다. 그곳의 모든 길이 일방통행이라는 사실이었습니다. 눈앞에 목적지가 있었지만, 일방통행이어서 갈 수가 없었습니다. 이리저리 뱅뱅 돌다가 우연히 한 길에 들어섰을 때였습니다. 좌우로 모두 흑인들이 있었습니다. 서행할 수밖에 없는 길이었고요. 사람들이 다 일어서서 아내와 제가 탄 차를 주목했습니다. 허리춤에 손을 가져다 대는 것이 총을 꺼내는 것은 아닌지 겁이 나기도 했습니다. 아내에게 창밖으로 쳐다보지 말라고 말했습니다. 행여나 눈이 마주치면 어떤 일이 생길까 두려웠기 때문입니다. 아무런 일 없이 빠져나왔지만, 지금도 그때를 기억하고 있습니다. 꽤나 살벌한 느낌이었기 때문입니다. 처음 가는 길이라는 것과 안내자가 없다는 것, 그곳에 있는 사람이 그리 호의적이지 않다는 것이 합쳐지면 어떤 결과를 얻는지 몸으로 경험한 시간이었습니다. 광야를 지나던 이스라엘 사람의 마음을 힐끗 엿볼 수 있는 경험이라고 말해도 좋을 듯합니다.

광야는 어디서 무슨 일을 만날지 예측할 수 없는 곳입니다. 광야는 여러 가지 생각해야 할 것이 많고, 무릅써야 할 위험도 적지 않은 곳입니다. 무엇보다 어디로 가야 할지 알 수가 없습니다. 광야의 이스라엘 백성에게는 지혜롭고 성실한 안내자가 필요했습니다. 광야를 떠돌던 그들에게 누가 안내자가 되어 주셨습니까? 하나님입니다. 하나님은 구름 기둥과 불기둥으로 그들이 가야 할 곳을 안내하셨습니다. 신실한 안내자이신 하나님은 이스라엘 백성과 많은 가축이 진을 치고 머물 수 있는 곳을 먼저 찾아내셨고 그곳으로 인도하셨습니다. 성실한 안내자이신 하나님은 마실 물이 있는 곳, 적과 독충이 없는 곳으로 인도하셨습니다. 하나님은 정말로 신실하고 성실하신 인도자이십니다. 이 장면을 생각하면 자연스레 떠오르는 말씀이 있습니다. "여호와는 나의 목자시니…"로 시작하는 시편 23편입니다. 선한 목자이신 하나님 때문에 이스라엘 백성은 광야를 무사히 지날 수 있었습니다.

선한 목자의 뒤를 따르는 양은 배고프지 않고 목마르지 않으며, 위험에서도 안전합니다. 신명기를 보면 광야 40년 동안 이스라엘 백성의 옷이 해어지지 않았고 신발이 닳지 않았다는 기록이 있습니다(신 29:5). 옷이 해어지지 않고 신발이 닳지 않았다는 말을 액면 그대로 받아들일 수도 있습니다. 하나님께서 초자연적인 은혜를 베푸셔서 40년 동안 옷이 낡지 않고, 아이들이 자랄 때 입고 있던 옷도 같이 커져서 몸에 잘 맞게 하셨다고 말이지요.

다른 해석도 있습니다. 광야 40년을 지나는 동안 옷을 지어 입을 수 있도록 양털을 끊임없이 공급해 주셨고, 필요할 때마다 신발을 만들어 신을 수 있도록 가죽을 공급해 주셨다는 해석입니다.

이렇게 해석한다면 가장 척박한 광야에서 하나님의 백성은 물론 양과 같은 동물마저도 번식할 수 있도록 마실 물과 꼴을 넉넉하게 공급하신 하나님을 볼 수 있습니다. 이렇게 해석한다면, 하나님이 얼마나 선한 목자이시며, 얼마나 넉넉한 공급자이시며, 얼마나 신실한 안내자이신지 발견하게 됩니다.

핵심은 분명합니다. 척박한 땅 광야를 지나는 동안 하나님께서 전능하고 친절한 안내자가 되어주셨다는 것입니다. 충성스러운 안내자를 자처하신 목자 하나님 때문에 이스라엘 백성들은 가장 위험한 곳 광야를 안전하고 평화롭게 지나 목적지에 안전하게 도착했습니다.

쌍둥이와 같은 이야기

이 관점을 가지고 본문으로 돌아가 봅시다. 예수의 제자들은 바다를 건너고 있었습니다. 바다를 건너던 중 밤이 되었고 어둠은 점점 더 깊어져 갔습니다. 갑자기 바람이 휘몰아치기 시작했습니다. 거친 파도가 일어났습니다. 불행 중 다행이라고 할까요? 그 배에는 갈릴리 바다에서 잔뼈가 굵은 여러 명의 뱃사람이 있었습니다. 안타깝다고 해야 할까요? 실력 있는 뱃사람이 있었지만, 몰아치는 바람과 파도 앞에서 그들은 무용지물이었습니다. 오히려 바다를 잘 아는 사람들이었기 때문에 지금 그들이 닥친 상황이 얼마나 위험하고 두려운지 잘 알았을 것입니다. 가장 위험한 순간, 가장 위험한 장소에 그들은 홀로 남아 있었습니다.

바로 그때 예수께서 거센 바람이 휘몰아치는 바다 위를 걸어 제자들에게로 오셨습니다. 바람과 파도가 휘몰아치는 바다 한복판, 언제 침몰할지 모르는 작은 배 안에서 생사를 건 사투를 하던 제자들이 있는 곳으로 예수께서 바다 위를 걸어서 오셨습니다. 예수가 그들에게 오시자 모든 것이 제자리를 찾았습니다. 바람과 파도가 잔잔해졌습니다. 요한은 예수가 그들에게 다가오시고 배에 오르시자 제자들은 원래 가려던 곳에 안전하게 도착했다고 기록해 놓았습니다. 예수께서 가야 할 길을 안전하게 인도하셨다는 뜻으로도 해석할 수 있습니다.

이렇게 같이 놓고 보면 이 두 이야기가 닮았다는 것을 발견할 수 있습니다. 가장 척박한 곳 광야와 바람과 파도가 휘몰아치는 캄캄한 바다가 짝을 이룹니다. 어디로 가야 할지, 무엇을 먹고 마실지 몰라 두려움에 빠진 광야의 이스라엘 백성들과 캄캄한 바다에서 갈 바를 몰랐고, 두려움에 사로잡혔던 작은 배 안의 제자들이 하나입니다. 가장 척박한 땅 광야를 걸어 이스라엘을 찾아오신 하나님과 바람이 휘몰아치는 캄캄한 바다 위를 걸어 제자들에게 찾아오신 예수가 기막힌 쌍을 이룹니다. 각기 다른 표지판이

지만, 두 가지 표지판은 기막힌 조화를 이루면서 예수가 누구인지 더 정확하게 알려줍니다.

요한은 오병이어 사건 사이에 바다 위를 걸으신 이적을 넣어 광야의 이스라엘과 캄캄한 바다 위 제자들, 그들을 찾아가신 하나님과 예수를 동시에 보게 만듭니다. 먼저 광야에서 먹을 것과 마실 것을 공급하시고, 가축까지 안전하게 인도하신 하나님을 주목하게 합니다. 곧이어 바람과 파도가 휘몰아치는 캄캄한 바다 위를 걸어오셔서 제자들이 있는 배에 오르시고, 그들을 목적지까지 안전하게 인도하신 예수를 바라보게 합니다. 바다 위를 걸으신 표지판을 통해 신실한 안내자요 선한 목자이신 예수를 보게 하고, 신실한 안내자요 선한 목자이신 예수를 통해 신실하시며 선하신 목자 하나님을 보게 합니다. 그야말로 기막힌 표지판이 아닐 수 없습니다.

사막을 건너는 최고의 방법

요한이 보여준 것처럼 바다 위를 걸어 제자들에게 찾아오신 예수는 가장 척박한 땅 광야를 떠돌아다니던 이스라엘을 찾아가시고 그들을 안내하신 하나님의 형상입니다. 캄캄한 바다 위를 걸어 제자들에게 오신 예수는 사망의 음침한 골짜기를 다녀도 선한 목자이신 하나님으로 인해 두려워하지 않을 것이라는 시편 23편의 실사판입니다. 그렇습니다. 캄캄한 밤 풍랑 이는 바다 위를 걸으신 이적은 신실한 안내자요 선한 목자이신 예수를 보여주는 표지판입니다. [10]

우리는 종종 인생을 사막을 건너는 일 또는 망망대해를 항해하는 일로 비유합니다. 언제 어디서 무슨 일이 생길지 모르는 인생, 지도가 아니라 나침반이 필요한 우리 인생은 사막을 건너는 것과 같고 망망대해를 항해하는 일과 닮았습니다. 인생이 사막을 건너는 일과 같고, 망망대해를 항해하는 것과 같아서 더더욱 우리는 신실한 안내자이신 예수를 의지하고 신뢰해야 합니다. 바다를 걸으신 이적은 예수야말로 우리 인생을 걸 수 있고, 영혼을 맡길 수 있는 선한 목자요 신실한 안내자임을 보여주는 표지판입니다.

어떤 인생을 살아가고 있습니까? 우리가 살아가는 세상은 어떤 곳인가요? 너무나 빠르게 변하는 세상입니다. 한 치 앞을 알 수 없다는 점에서 세상은 광야와 같습니다. 풍랑이 몰아치는 바다 위라고 말해도 지나치지 않을 것 같습니다. 우리에겐 신실하고 선한 인도자가 필요합니다. 요한은 이 이적을 통해 예수야말로 선한 목자요 신실한 인도자라고 소개합니다. 요한이 보여준 표지판을 주목하고 예수를 내 인생이라는 배 안으로 모셔 들일 때 더는 풍랑이 두렵지 않을 것입니다. 어쩌면 바람과 파도가 더 거세게

불어주길 바라는 마음이 생길지도 모릅니다. 신실한 안내자이신 예수로 인해 바람과 파도를 즐기는 자신을 발견할지도 모를 일입니다. "이 풍랑으로 인하여 더 빨리 갈 것"이라는 찬송 가사가 나의 노래 나의 고백이 될 것입니다.

선한 목자이신 예수는 우리가 사망의 음침한 골짜기를 지날 때 눈동자와 같이 지켜주실 것입니다. 푸른 초장과 쉴 만한 물가로 인도하실 것입니다. 하나님 나라의 잔치에 참여할 때까지 신실하게 인도하실 것입니다. 그렇습니다. 바다 위를 걸으신 이적은 신실한 안내자이신 예수를 보여주는 멋진 표지판입니다. 아멘.

다섯 번째 이적 한 문장 요약

■ 풍랑이 이는 캄캄한 바다 위를 걸으신 이적은, 풍랑 이는 캄캄한 바다 같은 세상을 살아가는 우리를 찾아오셔서 하나님 나라로 인도하시는 안내자(선한 목자)이신 예수를 보여주는 표지판입니다.

더 깊은 묵상을 위한 소그룹 나눔 질문

1. 이번 장을 읽으면서 새롭게 깨달은 점이나, 가슴에 깊숙이 와닿은 부분, 더 단단해진 확신이 있다면 이야기해 봅시다.
2. 바람과 풍랑 이는 캄캄한 바다 위를 걸어서 오신 예수를 보면서도 제자들은 깨닫지 못했습니다. 제자들과 같은 경험을 한 적이 있다면 진솔하게 이야기해 봅시다.
3. 오병이어 이적이 바람과 풍랑 이는 바다 위를 걸어서 오신 이적을 감싸고 있습니다. 요한의 의도가 무엇이라고 생각하는지 이야기해 봅시다. 이 두 이적을 동시에 씹고 뜯고 맛볼 때 우리가 발견할 수 있는 표지판은 무엇이라고 생각하는지 이야기해 봅시다.
4. 망망대해를 항해하는 것과 같은 인생에 예수를 안내자로 모셔 들인다는 말에 담긴 의미가 무엇인지 나누어 보고, 예수를 인생의 안내자로 삼을 때 내 삶에 어떤 변화가 일어날 수밖에 없는지 이야기해 봅시다.

6.
여섯 번째 표지판

요한복음 9:1-12

세상에 빛으로 오신 예수를 보여 주다

문맥에 비추어 보다

요한복음 9장에는 나면서부터 시각장애인으로 태어난 사람을 고치신 이적이 기록되어 있습니다. '문맥'이란 단어를 생각하면 성경 배열은 간과해서는 안 될 중요한 의미가 있다는 것을 알 수 있습니다. 이 사건도 다르지 않습니다. 이 이적을 푸는 열쇠는 문맥입니다.

8장 끝을 보십시오. '예수께서는 몸을 피해서 성전 바깥으로 나가셨다.'라고 기록해 놓았습니다. 9장은 '예수께서 길을 가실 때에'라는 말씀으로 시작합니다. 8장과 9장 말씀이 연결되어 있습니다. 9장 말씀을 8장 말씀과 연결 선상에 놓고 읽어야 한다는 의미입니다. 반복해서 말씀드리지만, 요한복음은 시간(때)과 장소를 무척 중요하게 다룹니다. 9장 사건을 바르고 깊게 이해하려면 이 사건이 일어난 때와 장소를 아는 것은 아주 중요합니다.

예수께서 나면서부터 시각장애인으로 태어난 사람의 눈을 뜨게 하신 때와 장소는 언제일까요? 이 사건이 일어난 '때'가 언제인지 추정할 수 있게 도와주는 말씀이 있습니다. 요한복음 7장 37절 말씀입니다.

초막절의 가장 중요한 날인 마지막 날에 예수께서 일어나 큰 소리로

말씀하셨습니다. "누구든지 목마른 사람은 다 내게로 와서 마시라."(요 7:37, 우리말 성경)

초막절 중에서 가장 큰 날은 마지막 날입니다. 예수께서는 초막절 명절 끝날에 저 유명한 '생수의 강' 설교를 하셨습니다. 예수의 '생수의 강' 설교의 의미를 제대로 이해하기 위해서는 이 설교를 하셨던 초막절 명절이 언제인지, 또 초막절 행사 때 이스라엘 백성이 하는 일이 무엇인지와 연결해서 보아야 합니다. 나면서부터 시각장애인으로 태어난 사람을 고치신 이적을 바르게 이해하기 위해 살펴보아야 할 문맥과 배경지식이 상당해 보입니다. 하나씩 풀어가 보겠습니다.

이스라엘의 기후는 크게 건기와 우기 두 가지 기후로 구분할 수 있다고 했습니다. 초막절은 지독한 건기의 끝자락에 있는 절기입니다. 길고 긴 건기의 끝자락 갈증이 최고조에 달한 그때 이스라엘 백성은 초막절 절기를 지키며 하나님 앞에서 제단에 물 붓는 예식을 행했습니다. 이 예식에 담긴 의미는 크게 세 가지입니다. 첫째, 40년 광야 생활 중 반석에서 생수를 주신 하나님의 은혜를 기념하는 것, 둘째, 초막절 후 곡식농사에 필요한 비를 구하는 것, 셋째, 약속하신 메시아가 오실 때 부으실 성령을 상징하는 것입니다.

그중에서 피부에 가장 가깝게 다가오는 의미는 두 번째입니다. 6개월 동안 건기였습니다. 저장해 둔 물은 물론 우물까지 바닥을 보일 때입니다. 포도로 갈증을 달래는 것도 한계가 있습니다. 이 스라엘 백성에게는 당장 마실 물이 필요합니다. 게다가 곡식 파종을 포함한 농사 준비에 있어서 비는 생명과 같습니다.

초막절 절기 중에서 마지막 날은 가장 큰 날로 불리며 가장 중요한 의미가 있는 날입니다. 초막절 마지막 날을 '호산나 라바'(hosanna rabbah)라고 부르는데 뜻은 '구원의 우물'입니다. 이날 예루살렘에 있는 순례자는 번제단에 물 붓는 예식에 참여하여, 번제단을 일곱 바퀴 돌면서 호산나 기도를 드립니다. 이때 드리는 기도와 찬양은 건기를 끝낼 비를 구하는 기도와 찬양입니다.

여기서 말하는 건기와 건기를 끝낼 비는 말 그대로 건기와 비입니다. 또한, 지독한 건기와 같은 삶과 그것을 끝낼 하나님의 은혜로도 확대해석할 수도 있습니다. 길고 긴 건기의 끝자락에 있는 초막절 명절 끝날 모든 백성이 하나님께 간절히 물을 구하며 열광하던 바로 그때 그곳에서 예수는 '누구든지 목마르거든 내게로 와서 마시라. 나를 믿는 자는 성경의 말씀대로 그의 배에서 생수의 강이 흘러나올 것'이라고 말씀하셨습니다. 예수께서 장소와 때를 기막히게 사용하셔서 당신을 계시하신 설교입니다. 요한복음 7장에 기록된 사건의 시간적 배경이 초막절이며, 장소는 예루살렘 성전이라는 사실을 기억하면서 문맥을 따라가 보겠습니다.

8장에 기록된 말씀의 시간적 배경도 7장 37절 말씀과 연결하면 쉽게 찾을 수 있습니다. 8장 2절을 보면 '아침에'라는 단어로 시작합니다. 쉬운 성경이나, 공동 번역, 메시지 성경에서는 '다음날 이른 아침에'라고 번역해 놓았습니다. 요한은 8장에 기록된 사건이 초막절 명절 마지막 날이 지난 다음 날 이른 아침에 있었던 사건이라고 밝힙니다. 그날 무슨 일이 있었으며 그 일이 시각장애인으로 태어난 사람을 고친 이적과 어떻게 연결되는 걸까요? 요한의 인도를 따라 말씀을 살펴보겠습니다.

문화 배경을 알면 더 많이 보인다

여섯 번째 이적을 깊고 풍성하게 이해하기 위해 이 사건의 시간 배경을 살펴보았습니다. 이제 이 이적과 깊이 연결된 문화 배경을 살펴보겠습니다. 초막절 끝 날에는 성경에 기록되어 있지 않은 아주 중요한 행사가 있습니다. 성전 여인의 뜰에 있는 큰 기둥에 횃불을 밝혀 밤새도록 어둠을 밝히는 관제의 축제라 불리는 행사입니다. 초막절 마지막 날 밤 유대인들은 제사장들이 입던 낡은 옷에 기름을 먹인 후, 여인의 뜰에 있는 큰 네 기둥에 횃불을 밝혔습니다. 그 불이 얼마나 크고 밝았던지 성전이 대낮같이 밝았으며,

온 예루살렘이 환했다는 기록이 있습니다. 유대인다운 다소 과장된 표현이겠지만, 햇불이 아주 크고 불빛이 밝았다는 점을 알려주는 것으로 이해할 수 있습니다.

초막절 명절 마지막 날 밤 햇불을 밝히는 행사는 불만 밝히는 행사가 아닙니다. 어둠을 밝힌 거대한 불빛 아래서 1년에 단 한 번 이스라엘의 원로들, 장로들, 어른들이 밤새도록 춤을 춥니다. 춤만 추는 것도 아닙니다. 노인들이 춤을 추면서 그들을 지켜보는 젊은이들과 화답하며 목청껏 노래를 불렀습니다. 그 노랫말은 대략 다음과 같습니다.

"네 젊을 때의 죄를 사함받은 자는 복이 있을지어다.
죄를 지었지만 사함받는 자는 복이 있을지어다"

초막절 명절 마지막 날 밤 이스라엘 사람들은 여인의 뜰에 큰 햇불을 밝혀놓고 관제의 축제를 열었습니다. 어둠을 환하게 밝히는 불빛 아래서 노인부터 청년에 이르기까지 밤이 새도록 지난날의 죄를 용서하신 하나님께 춤추며 찬양을 올려드렸습니다. 어둠을 환히 밝힌 불빛 아래서 죄 용서받은 즐거움을 노래와 춤으로 표현하는 밤입니다. 열기가 뜨거운 올나이트 행사가 끝난 다음 날 여명이 밝아오는 이른 아침 예수께서 그 행사가 있었던 여인의 뜰로 다시 들어가셨습니다.

너희 중 죄 없는 자가 먼저 돌로 치라

바로 그때 마치 기다렸다는 듯 서기관과 바리새인들이 현장에서 간음하다 잡힌 여인을 예수 앞으로 끌고 왔습니다. 그들의 의도가 보입니다. 간음하다 현장에서 잡힌 여인을 정죄하는 것이 아니라 이 여인의 문제로 예수를 고발하려는 것이었습니다. 현장에서 간음하던 여인을 끌고 왔다면 남자도 같이 끌고 와야 할 텐데 도대체 간음하던 남자는 어디로 갔는지 보이지 않습니다. 이들의 의도를 읽어낼 수 있는 행간입니다.

다시 사건으로 돌아가 보겠습니다. 예수께서는 현장에서 간음하다 잡혀 온 여인에 관해 무어라 말씀하실까요? 만약 모세의 율법을 따라 돌로 치라고 말한다면, 서로 사랑하라고 가르친 자신의 가르침을 스스로 깨뜨리는 것입니다. 만약 현장에서 간음하다가 잡힌 여인을 그냥 보내주라고 하면 이스라엘 백성이 생명처럼 여기고 있었던 모세의 율법을 어기는 것입니다. 예수가 눈엣가시였던 서기관과 바리새인들은 예수를 진퇴양난에 빠뜨렸다고 생각했을 것입니다. 어쩌면 속으로 쾌재를 불렀을지도 모를 일입니다.

예수께서는 아무 대답도 하지 않으신 채 땅에 글을 쓰기 시작하셨습니다. 무슨 글을 쓰셨는지 요한이 침묵하고 있어서 알 수 없습니다. 대신 추측하는 재미가 있지요. 제 생각에는 어젯밤에 원로들이 춤 추고 노래했던 그 가사를 기록하지 않으셨을까 싶습니다. "네 젊을 때의 죄 사함을 받은 자는 복이 있다. 죄를 지었지만 사함을 받은 자는 복이 있다."라는 노랫말 말입니다.

한참을 침묵하시며 땅에 글을 쓰시던 예수께서 일어나 소리 지르는 군중을 향해 한 말씀 하셨습니다. "너희 중에 죄 없는 자가 먼저 돌로 치라" 이 말씀을 하신 후 예수께서는 다시 몸을 굽혀 땅에 글을 쓰셨습니다. 그들은 예수의 말씀을 들었고, 예수께서 땅에 쓰신 글도 보았을 것 같습니다. 결국, 이 말씀을 들은 사람들은 나이 많은 사람들로부터 시작해서 젊은이까지 다 돌을 내려놓고 하나둘씩 조용히 떠나갔습니다.

조금 전 올나이트 행사를 떠올려 보십시오. 어둠을 밝힌 빛 아래서 나이 많은 노인들이 하나님의 죄 용서하심을 즐거워하며 춤추었습니다. 젊은이들도 노인들과 함께 자신의 죄를 씻게 되었다고 하나님 앞에 목청껏 노래를 불렀습니다. 밤을 새우며 용서의 은혜를 만끽했던 그 열기가 채 가시기도 전에 예수께서 땅에 글을 쓰시고, 일어나서서 '너희 중에 죄 없는 자가 먼저 돌로 치라'라고 말씀하셨습니다. 예수의 말씀을 듣고 예수께서 쓰신 글을 보고 난 후 나이 많은 사람들로부터 시작해서 하나둘씩 떠나갔습니다. 자신 역시 용서받은 죄인이라는 것을 깨달았기 때문일 것입니다.

이 사건 이후 예수께서는 자신을 '나는 세상의 빛이라'라고 선포하셨습니다. 온 예루살렘을 환하게 밝힌 관제의 축제 열기가 채 식기도 전에 참 생명의 빛이신 예수께서 죄와 죽음의 어둠으로 뒤덮인 여인을 구하셨습니다. 이 사건 바로 후에 예수께서는 하나님의 이름을 빌려 '나는 세상의 빛이다'라고 선포하셨습니다.

나는 세상의 빛이다

'빛'은 구약 성경과 유대 문학 전통에 있어서 장차 오실 메시아를 지시하는 용어로 사용되었습니다(이사야 9:2; 42:6; 49:6). 구약 성경에 정통했던 유대인들은 예수께서 자신을 가리켜 '나는 세상의 빛이다!'라고 선언하신 의미를 단번에 알아챘을 것입니다. 모를 수가 없었겠지요. 그들에게는 엄청난 충격일 뿐 아니라 하나님의 이름을 자기에게 적용하시는 예수가 신성모독 하는 자로 보일 수밖에 없었을 것입니다.

예수께서 자신을 세상의 빛으로 선포한 이후 바리새인들과 예수 사이에는 메시아에 대한 치열한 논쟁이 일어났습니다. 결국, 분노를 참지 못한 유대인들은 예수를 돌로 치려고 했습니다. 그때 예수는 몸을 피해 성전 뜰을 빠져나가셨습니다. 여기까지가 8장 말씀입니다. 9장은 어떤 말씀으로 시작할까요? 8장 마지막 절과 9장 1절 말씀을 연결해서 읽어보겠습니다.

> 그래서 그들은 돌을 들어서 예수를 치려고 하였다. 그러자 예수께서는 몸을 피해서 성전 바깥으로 나가셨다. 예수께서 가시다가, 날 때부터 눈 먼 사람을 보셨다. (요 8:59-9:1, 새번역)

　문맥을 쭉 살펴보았는데요. 요한복음 7장 말씀의 시간 배경은 초막절이며, 생수가 가장 필요했던 때입니다. 8장 사건이 일어난 시간은 초막절 명절 마지막 날이 지난 이른 아침이며, 장소는 예루살렘 성전에 있는 여인의 뜰입니다. 그곳에서 예수께서는 자신을 세상의 빛으로 계시하셨습니다. 이 일로 유대인들이 돌로 치려고 하자 예수께서 몸을 피해 성전 바깥으로 나가셨습니다. 9장 말씀을 8장에 연결해서 읽으면 '자기를 세상의 빛이라고 선포하신 예수께서 성전 바깥으로 나가 길을 가시다가 시각장애인으로 태어난 사람을 보셨다.'라고 읽을 수 있습니다.

　요한은 7장과 8장 말씀을 연결해 놓았을 뿐 아니라 9장에 기록된 이 이적을 8장 말씀에 의도적으로 연결해 놓았습니다. 나면서부터 시각장애인으로 태어난 사람을 고치신 이적이 정확하게 8장 사건 후에 행하신 일인지 아닌지는 특정할 수 없습니다. 다만 문맥에 비추어 보면 같은 시간과 장소와 사건을 배경으로 9장 말씀을 보게 하려는 요한의 치밀한 의도를 읽어낼 수 있습니다. 요한의 의도를 따라 드디어 여섯 번째 이적을 표지판 삼아 보여주려 한 예수가 누구인지 살펴보겠습니다.

세상의 빛으로 오신 예수와 시각장애인

자신을 세상의 빛으로 선포하신 예수께서 성전 뜰에서 나가시다가 시각장애인으로 태어난 사람을 만나시고, 그를 고치셨다는 것을 말씀드리려고 길게 돌아왔습니다. 예수께서는 자신을 세상의 빛이라고 선언하셨습니다. 세상의 빛이신 예수께서 성전에서 나가시면서 시각장애인으로 태어난 사람을 만났습니다. 나면서부터입니다. 태어나서 지금까지 단 한 번도 빛을 본 적이 없는 사람입니다. 그 사람은 완벽한 어둠 속에서 태어나서 지금까지 완전한 어둠 속에서 살아온 사람입니다.

그는 빛이 무엇인지 몰랐고, 빛을 통해 자기와 이웃과 세상을 본다는 것이 어떤 의미인지 몰랐습니다. 봄의 파릇파릇한 색깔, 여름의 짙은 초록, 황금빛 가을, 세상을 하얗게 물들이는 겨울의 색깔이 무엇인지 몰랐습니다. 아이들의 천진한 미소와 화창한 날씨, 꽃과 낙엽, 일출과 일몰의 아름다움을 전혀 이해하지 못했습니다. 자신을 세상의 빛이라고 선포하신 예수께서 철저하게 어둠 속에서 살아온 사람을 보셨습니다. 기막힌 조우입니다.

빛이 오면 어둠이 물러가는 법입니다. 만약 예수께서 자신이 선포한 것처럼 세상의 빛이라면, 빛이신 예수께서 시각장애인을 보셨다면, 시각장애인을 둘러싼 어둠이 물러가는 것은 지극히 자연스럽고 당연한 일일 것입니다. 결과는 요한이 기록한 그대로입니다. 빛이신 예수는 어둠 속에서 태어나 어둠 속에서 살아가던 사람의 어둠을 걷어치우셨습니다. 예수께서 시각장애인으로 태어나 캄캄한 어둠에서 살아가던 그를 건져내셔서 빛 가운데로 인도하셨습니다. 그는 예수로 인해 보게 되었습니다.

시력만 회복한 것이 아닙니다. 나면서부터 앞을 한 번도 보지 못한 사람은 끝없는 갈증에 시달리는 사람이었습니다. 그 사람은 앞으로도 영영히 갈증을 채울 수 없는, 일평생 갈증에 시달리다가 생을 마감할 수밖에 없는 불쌍한 사람입니다. 세상의 빛이신 예수는 끝없이 솟아나는 생수를 주시는 분이기도 합니다. 예수께서 이 사람에게 빛을 선물하셨을 뿐 아니라 끝없이 솟아나는 생수를 주셨습니다. 그렇습니다. 나면서부터 시각장애인으로 태어난 사람을 고치신 이적은 세상의 빛이신 예수, 생명의 물을 주시는 예수를 보여주는 아름다운 표지판입니다.

여섯 번째 표지판과 구약 성경

이렇게 큰 시선에서 보면 요한복음 7~8장은 9장 사건의 시간, 공간, 문화 배경을 제시하고, 9장에 있는 나면서부터 시각장애인이었던 사람을 고친 이적은 7~8장 말씀을 성취하는 사건이라고 할 수 있습니다. 정말 그렇습니다. 5절 말씀을 보십시오. 시각장애인으로 태어나 철저한 어둠 속에 있던 사람을 고치신 후 예수는 다시 한번 자신을 '나는 세상의 빛'이라고 선언하셨습니다. 요한은 7~8장과 9장의 시간, 공간, 문화 배경을 총동원하여 나면서부터 시각장애인으로 태어난 사람을 고치신 이적을 표지판 삼아 예수가 세상의 빛으로 오신 하나님의 아들이라고 선언하고 증거합니다.

시각장애인으로 태어난 사람을 고치신 이적을 구약 성경과 연결해서 생각하면 예수가 누구인지 더욱 분명하게 알 수 있습니다. 먼저 '빛'이라는 단어가 장차 오실 메시아를 지시하는 용어로 사용되었다는 점을 떠올려야 합니다. 구약 성경에 기록된 수많은 기적과 이적 중에 유독 시각장애인을 고친 기적이 없습니다. 왜일까요? 구약 성경과 이스라엘 전통에 따르면 시각장애인을 고치는 일은 어둠 속에 있는 사람을 빛으로 인도하는 것입니다. 어둠 속에 있는 사람을 빛으로 인도하는 일은 전적으로 하나님께 속한 일이며, 하나님이 보내실 메시아에게 속한 일이기 때문입니다. 구약 성경에서 이 사실을 확인할 수 있습니다. 이사야 선지자는 장차 오실 하나님의 아들 메시아에 관해 많은 예언을 했습니다. 그중 시각장애인의 눈을 뜨게 하실 메시아의 사역에 관한 말씀이 있습니다.

> 그 날이 오면, 듣지 못하는 사람이 두루마리의 글을 읽는 소리를 듣고, 어둠과 흑암에 싸인 눈 먼 사람이 눈을 떠서 볼 것이다(사 29:18, 새번역).

> 그때에 보지 못하는 자들의 눈이 뜨이고 듣지 못하는 사람들의 귀가 열릴 것이며(사 35:5, 바른 성경)

보지 못하는 자의 눈을 뜨게 하는 일이 메시아의 사역이라고 예언했습니다. 이것이 전부가 아닙니다. 율법서인 출애굽기와 성문서인 시편에도 시각장애인의 눈을 뜨게 하는 일은 전적으로 하나님께 속한 일임을 보여주는 말씀이 있습니다. 차례로 읽어보겠습니다.

> 야훼께서 그를 꾸짖으셨다. "누가 사람에게 입을 주었느냐? 누가 벙어리나 귀머거리를 만들고 눈을 열어주거나 앞 못 보는 장님이 되게 하느냐? 나 야훼가 아니더냐?"(출 4:11, 공동번역)

> 눈먼 사람에게 눈을 뜨게 해주시고, 낮은 곳에 있는 사람을 일으켜 세우시는 분이시다. 주님은 의인을 사랑하시고(시 146:8, 새번역)

출애굽기는 율법서이고, 시편은 성문서이며, 이사야는 선지서입니다. 이렇게 놓고 보면 출애굽기와 시편과 이사야는 구약 성경 전체를 대표한다는 것을 알 수 있습니다. 구약 성경은 보지 못하는 사람을 보게 하는 사역이 바로 하나님의 사역이며, 장차 메시아가 오면 행하실 사역이라고 말씀합니다. 그렇습니다. '보게' 하는 사역은 하나님과 메시아에게 속한 사역입니다. 이런 이유로 성경이 말씀하고 가르치는 '보다'라는 말에 담긴 의미는 단순히 시력을 가지고 본다는 데서 그치지 않습니다. 성경이 말씀하는 '보는 일'은 하나님 나라에 참여하는 것을 의미하며, 바른 시력으로 '보는 것'은 하나님의 은혜에 참여하고 누리는 것을 뜻합니다. 보지 못하던 자를 보게 하신 예수는 하나님 나라 바깥에 있던 사람을 하나님 나라에 참여하는 사람으로 바꾸시는 분이며, 은혜 바깥에 있던 사람을 은혜받은 사람으로 바꾸시는 분입니다.

요한은 예수께서 시각장애인으로 태어난 사람을 고치신 이적을 표지판 삼아 예수가 바로 구약이 예언한 그 메시아임을 증명합니다. 이처럼 요한이 신중하게 선택한 여섯 번째 표지판은 구약 성경 전체를 아우르면서 예수가 구약 성경을 성취하신 하나님의 아들이요 메시아라고 선포합니다. 그렇습니다. 시각장애인으로 태어난 사람을 고치신 이적은 구약 성경(율법: 출애굽기, 성문서: 시편, 선지서: 이사야)을 성취하신 하나님의 메시아 예수를 보여주는 강렬한 표지판입니다.

눈을 감은 사람들 vs 눈을 뜬 사람

요한복음 9장에 있는 시각장애인의 눈을 뜨게 하신 이적은 다른 이적과는 다르게 독특한 방식으로 기록되어 있습니다. 시각장애인을 고치신 이적은 비교적 간략하게 기록하고, 이 이적을 경험하고 목격한 사람들의 반응을 길고 자세하게 기록한 점입니다. 요한복음 9장은 총 41절로 구성되어 있습니다. 그중 1절부터 7절까지 예수께서 시각장애인으로 태어난 사람을 고치신 사건을 담고 있습니다. 8절부터 34절까지 무려 27절에 걸쳐 이 이적 때문에 일어난 주변 사람들의 반응을 보여줍니다. 마지막으로 35절에서 41절까지는 다시 예수를 만난 그 사람이 예수를 영접하는 것과 예수께서 이 사건을 통해 당신의 사역을 계시하는 말씀입니다. 9장의 구조를 통해 탁월한 저자 사도 요한이 무언가 하고 싶은 말이 있다는 뜻입니다. 이 부분을 톺아보아야 합니다.

먼저 8절부터 12절까지는 주변 사람들의 반응입니다. 사람들은 시각장애인으로 태어났던 사람을 알아보지 못했습니다. 그들은 '이 사람이 그 사람이다', '아니다. 이 사람은 그 사람과 닮은 사람이다.' 논쟁하기 시작했습니다. 나면서부터 앞을 보지 못하는 사람이 고침을 받은 것은 본 적도 들은 적도 없었기에 일어난 논쟁입니다. 결국, 시각장애인으로 태어났던 그 사람이 자신이 '그'라고 밝히면서 논쟁은 겨우 끝이 납니다.

13~34절까지 총 22절에 걸친 말씀은 바리새인과 시각장애인으로 태어난 사람의 긴 대화입니다. 시각장애인으로 태어난 사람과 바리새인이 논쟁하던 중간에 시각장애인으로 태어난 사람의 부모까지 등장합니다. 바리새인들도 다른 사람들처럼 시각장애인으로 태어난 사람이 보게 된 것을 믿지 못했기 때문에 그의 부모까지 호출한 것입니다. 바리새인들은 이런 일은 일어날 수 없다고 생각했습니다. 아니 일어나서는 안 된다고 생각했을지도 모릅니다. (바리새인이 성경에 능통했다는 점을 생각한다면 예수가 그 사람을 보게 했다는 것을 인정하고 싶지 않았던 것인지도 모를 일입니다).

9장의 구조가 보여주려는 핵심은 간단합니다. 시각장애인으로 태어난 사람을 고친 이 예수는 도대체 누구인가? 라는 질문을 던지게 하고, 이 질문에 대답하게 하려는 것입니다. 바리새인 중 일부는 안식일을 어긴 이 사람은 결코 하나님에게서 온 사람일 수 없다고 주장합니다(예수께서 또 안식일에 치료하셨습니다). 다른 일부는 하나님에게서 오지 않고서는 시각장애인을 고칠 수 없으며, 특히 시각장애인으로 태어난 사람을 고치는 일은 더더욱 불가능하다고 말합니다. 바리새인들 역시 예수가 누구인지 질문했고, 그 질문에 대답하기 위해 몸부림치고 있다는 사실을 발견할 수 있습니다.

그들이 이런 논쟁을 벌인 이유도 간단합니다. 구약 성경에 해박했던 그들은 눈을 뜨게 하는 일은 하나님께 속했으며, 메시아의 사역임을 잘 알고 있었습니다(바리새인들은 메시아가 오면 일어날 일들을 기록한 출애굽기, 시편, 이사야 말씀을 훤히 꿰뚫고 있었습니다). 얼마나 불편했을 까요? 예수를 인정할 수도 없고, 그렇다고 인정하지 않을 수도 없 었습니다. 그들 스스로 진퇴양난에 빠졌습니다. 그들은 끝내 예수가 어디서부터 왔는지 모르겠다고 말했습니다. 알량한 자존심과 기득권에 눈이 멀어 자신을 속였습니다. 구약의 메시아 예언과 그 말씀을 성취하신 예수를 보면서도 두 눈을 질끈 감아버렸습니다. 그것은 단지 눈을 감는 것이 아니라 빛을 향해 눈을 감는 것이며, 빛에서 등을 돌려 어둠 속으로 기어들어 가는 것과 같습니다.[11] 그렇게 그들은 스스로 소경이 되었습니다.

시각장애인으로 태어난 사람은 적극적으로 예수를 탐색합니다. 예수가 누구인지 해답을 찾아갑니다. 17절을 보십시오. 그는 자신을 고치신 예수를 선지자라고 고백합니다. 하나님은 경건하게 하나님의 뜻을 행하는 자의 말을 들으신다고 말하면서 자기 눈을 뜨게 하신 예수는 하나님에게서 오신 분일 수밖에 없다고 고백했습니다. 비록 거칠지만, 담대한 고백입니다. 이 사람의 투박한 고백을 가볍게 보아서는 안 될 분명한 이유가 있습니다.

당시 유대인들은 예수의 제자라고 고백하는 사람을 출교하기로 결정해 놓았습니다. 유대 사회에서 출교는 간단한 일이 아닙니다. 유대인은 삶과 종교를 분리하지 않습니다. 그들의 모든 삶이 종교 위에 서 있다고 해도 지나친 말이 아닙니다. 즉, 유대인에게 출교당한다는 말은 사회, 경제, 문화, 교육, 정치 등 모든 영역에서 완전히 배제당한다는 뜻입니다. 사회생활 자체를 할 수 없다는 말입니다. 내가 속한 공동체에서 철저하게 배척당하고 쫓겨난다는 의미입니다. 사람이 공동체성을 갖고 태어나며, 공동체 안에서 살아갈 수밖에 없는 존재라는 사실을 생각한다면 이 일이 얼마나 두려운 일인지 짐작할 수 있습니다.[12]

   시각장애인으로 태어난 이 사람은 이 위협과 두려움을 알고도 예수를 향한 신앙을 고백했습니다. 그의 행적을 보십시오. 앞에서 잠깐 언급한 것처럼 35~41절 말씀은 예수께서 출교당한 그 사람을 다시 만나시고 대화하는 장면입니다. 세상의 빛이신 예수를 만나 갈증을 해소하고, 어둠에서 벗어나 빛 가운데로 들어오게 된 그는 예수를 만난 후 믿음을 고백하고 엎드려 절합니다. 엎드려 절한다는 말은 예수에게 진심으로 감사드린다는 의미도 있겠지만, 그보다 예수를 '예배'한다는 의미를 담고 있습니다.[13] 예수를 예배의 대상으로 고백한 행동입니다. 그의 예배를 받으신 예수께서는 자신이 이 땅에 오신 이유가 못 보는 사람은 보게 하고, 보는 사람은 못 보게 하려는 것이라고 선언하셨습니다(요 9:39, 새번역). 시각장애인으로 태어난 사람을 고치신 이적을 갈무리하는 말씀이라고 해도 지나치지 않습니다. 시각장애인으로 태어난 사람은 보게 되었지만, 본다고 말하던 바리새인들은 시각장애인이 되었으니 말입니다.

세상의 빛이신 예수를 향한 올바른 태도

치밀하고 신중한 저자 요한이 9장 말씀을 기록하면서 이적의 내용은 짧고 간결하게 기록하고 각 사람의 반응을 이렇게 길게 기록한 이유는 무엇일까요? 이 구조를 통해 요한이 하고 싶은 말은 무엇일까요? 요한복음은 A.D. 1세기 후반에 기록되었습니다. 당시 사회는 기독인들에게 우호적이지 않았습니다. 유대 사회에서 상당한 지위와 권세를 가지고 있었던 바리새인들은 예수에 대해 적대적이었고 이단으로 정죄했으며, 예수의 뒤를 따르는 제자들을 미워했습니다. 더 나아가 예수를 주로 고백하는 사람들을 박해하고 짓눌렀고 출교했습니다.

이 같은 사회적 분위기 속에서 예수에 대한 신앙을 고백하기란 힘들고 어려웠을 것입니다. 그것도 너무나. 요한은 나면서부터 앞을 보지 못하던 사람을 고치신 여섯 번째 이적을 표지판 삼아 구약 성경을 성취하신 예수, 세상의 빛으로 오신 하나님의 아들 예수를 보여주었습니다. 한 걸음 더 나아가 요한은 이 이적을 표지판 삼아 우리를 어둠에서 빛으로 옮기신 예수에 대해 가져야 할 올바른 태도가 무엇인지 질문하고 진지한 대답을 요청합니다.

이 이적이 일곱 가지 이적 중 여섯 번째라는 점을 생각할 필요가 있습니다. 요한은 다양한 이적을 표지판 삼아 예수가 누구인지 증명했습니다. 그렇다면 이 구조를 통해 요한은 지금까지 자신이 증언하고 소개한 예수를 향한 신앙고백을 요청하는 것은 아닐까요?

시각장애인으로 태어난 사람은 타는 듯한 갈증을 해갈하신 예수, 자신을 어둠에서 건져 빛으로 인도하신 예수를 탐색하고 알아가기 시작했습니다. 신앙 여정을 시작했고, 그 길을 걸었습니다. 이 여정 속에서 그는 당당하게 자신을 예수의 제자로 밝혔습니다. 출교, 다시 말해 유대 사회에서 완전히 소외될 것을 알고도 말입니다. 바리새인은 훨씬 더 많은 것을 알고도 예수를 향해 두 눈을 감았고, 빛이신 예수에게서 돌아서서 어둠을 향해 들어갔습니다. 자칭 본다는 사람은 소경이 되었고, 보지 못하던 사람은 보는 사람이 되었습니다.

요한은 이 이적을 표지판 삼아 예수가 구약을 성취한 하나님의 아들이라는 것과 세상의 빛이라는 진리를 가리킵니다. 사도 요한은 이 이적을 기록한 9장 구조를 표지판 삼아 예수를 향한 신앙 고백을 요청합니다. 시각장애인으로 태어난 사람처럼 세상의 빛이신 예수에게로 더 가까이 가는 길을 걸을 것인지, 아니면 예수에게서 등을 돌리고 어둠을 향해 들어간 바리새인의 길을 걸을 것인지 대답을 촉구합니다. 이 여섯 번째 표지판은 하나님과 사람 앞에서 예수를 시인하고 신앙을 고백하는 자리까지 이끌어 갑니다.

참된 시력을 회복하고 살아가라

그리스도인에게 호의적이지 않은 세상입니다. 예수 안에서 경건하게 살아가려고 하면 미움받는 세상입니다(딤후 3:12). 가나안 성도의 수가 꾸준히 증가하는 추세입니다. 그리스도인이라 고백하는 사람조차 교회를 좋아하지 않는다는 뜻입니다. 미(未)그리스도인의 시선과 마음은 굳이 더 설명하지 않아도 될 것입니다. 한마디로 앞이 잘 보이지 않는 어두운 시대입니다. 앞이 보이지 않는 캄캄한 세상이어서 우리는 더욱 시각장애인으로 태어난 사람을 고치신 이적을 주목해야 합니다. 이 표지판이 가리키는 말씀을 성취하신 예수, 세상의 빛이신 예수를 바라보아야 합니다. 무엇보다 이 이적을 표지판 삼아 예수를 향해 나아가고, 예수의 품으로 더 깊이 파고드는 길을 걸어가야 할 것입니다. 그때 비로소 하나님과 사람 앞에서 예수를 향한 신앙을 담대하게 고백하는 사람이 될 것입니다.

예수 안에서 시력을 회복하고 빛 가운데 살아갈 때 예수의 시선으로 자신과 가족을 바라볼 것입니다. 빛이신 예수를 통해 이웃과 세상을 바른 시선으로 바라볼 것입니다. 이 표지판을 통해 예수를 알아가고 신앙을 고백할 때 빛의 자녀답게 선하고 의롭고 진실하게 살아가는 길이 활짝 열릴 것입니다(엡 5:8~9). 놀랍게도 어두운 세상을 살아가는 우리의 가족과 이웃이 우리를 통해 빛이신 예수를 보게 될 것입니다. 아멘.

여섯 번째 이적 한 문장 요약

■ 시각장애인으로 태어난 사람을 고치신 이적은 세상의 빛으로 오신 하나님의 아들 예수를 보여주며, 생명의 빛이신 예수에 대한 바른 태도와 신앙을 촉구하는 표지판입니다.

더 깊은 묵상을 위한 소그룹 나눔 질문

1. 이번 장을 읽으면서 새롭게 깨달은 점이나, 가슴에 깊숙이 와닿은 부분이 있다면 정리해 보고 나누어 봅시다.

2. 시각장애인으로 태어난 사람을 고치신 이적을 이 이적이 일어난 시간과 장소, 사회문화 배경에 비추어 볼 때 얻을 수 있는 유익에 관해 이야기해 봅시다.

3. 이 이적을 보고 경험한 사람의 반응은 제각각이었습니다. 요한이 제시한 이 표지판 앞에서 우리(나, 가족, 소그룹, 교회 공동체)가 가져야 할 바른 태도에 관해 이야기해 봅시다.

4. 장애인을 향한 사회 통념과 가치를 뛰어넘으신 예수의 태도를 주목해 봅시다. 장애인을 향한 이 시대의 가치와 통념과, 성경이 가르치는 가치와 통념에 관해 이야기해 봅시다. 그리스도인으로서 우리가 해야 하고 할 수 있는 일이 무엇인지 나누고 실천해 봅시다.

일곱 번째 표지판

요한복음 11:17-44

복음의 진수를 보여 주다

죽음의 운명 아래 있는 사람

죽음을 극복할 수 있을까요? 동서고금을 막론하고 인류는 죽음을 극복하기 위해 부단한 노력을 기울였고, 지금도 천문학적인 돈을 쏟아붓고 있습니다. 잘 알려진 것처럼 진의 시 황제는 죽음을 피하려고 불로초를 찾아 헤맸습니다. 이집트의 파라오는 미라를 만들어 죽음을 극복하려 했습니다. 그 모든 노력에도 그들은 결국 죽음을 피하지 못했습니다.

지금도 인류는 죽음을 극복하기 위해 다방면으로 각고의 노력을 쏟아붓고 있습니다. 의학은 눈부시다는 말로도 표현하기 어려울 만큼 비약적으로 발전했습니다. 사람의 평균 수명 역시 이전에 비교하면 상당히 늘어났습니다. 이 모든 수고에도 여전히 죽음을 극복하지 못하고 있습니다. 과학이 더 발전하면 과연 죽음을 극복할 수 있을까요? 아닙니다. 엄청난 재정과 수고를 쏟아붓고 있지만, 이 모든 노력에도 불구하고 사람은 죽음을 극복할 수 없습니다. 죽음을 최대한 뒤로 미루는 것이 최선일 것입니다. 죽음을 어떻게 보느냐에 따라 다른 평가가 있겠지만, 생명과 반대의 개념에서 본다면 죽음은 인류 최대의 적이며, 인류가 결코 극복할 수 없는 문제와 장벽이라고 말해도 지나치지 않을 것입니다.

목사여서 장례에 자주 참석하고, 자주 장례식을 인도합니다. 죽음을 가까이에서 보고 있습니다(저는 이 일을 굉장한 특권으로 생각합니다). 말문이 턱 막히는 죽음이 있는가 하면, 비교적 편안하게 받아들일 수 있는 죽음도 있습니다. 다양한 죽음을 목격하면서 죽음이 아니라 생명과 삶을 더 깊이 생각합니다. 죽음을 보면서 어떻게 살아야 할지에 초점을 맞추는 것이 당연해 보이기도 하고, 흥미롭기도 합니다. 종종 이런 생각과 통찰을 유족과 나누기도 합니다.

죽음을 대면하면서 가장 큰 문제는 남겨진 가족을 어떻게 위로할 수 있을지에 있습니다. 어떤 말로도 위로할 수 없는 죽음이 있기 때문입니다. 어설픈 말보다는 차라리 침묵하는 것이 훨씬 좋아 보일 때가 있습니다. 그런 죽음 앞에서는 어떻게 유족을 위로할 수 있을지 막막합니다. 결국, 예수의 복음을 말할 수밖에 없음을 깨닫고 발견합니다. 울음조차 나오지 않는 망연자실한 죽음은 물론 비교적 편안한 죽음까지 복음은 모든 죽음을 끌어안고 생명의 꽃을 피웁니다. 죽음 앞에서 복음이 어떻게 해답이 되는지 목격합니다. 전도자가 잔칫집보다 초상집에 가는 것이 낫다고 말한 이유를 죽음을 목격하면서 깨닫습니다(전 7:2).

가까이에서 자주 죽음을 지켜보면서 종종 생각한 것이 있습니다. '면역력' 혹은 '적응력'이란 단어입니다. 사람은 대단한 면역력과 적응력을 가지고 있습니다. 극지방이나 적도와 같이 혹독한 기후에 면역되고 적응합니다. 언어와 문화가 완전히 다른 낯선 환경에서도 얼마 지나지 않아 나름의 면역력이 생기고 적응해 갑니다. 사람은 거의 모든 것에 면역력을 기르고 적응할 수 있는 대단한 능력이 있습니다.

단 죽음은 예외입니다. 하루 단위로 사랑하는 사람이 죽어 나간다고 상상해 보십시오. 면역이나 적응은 고사하고 제정신으로 살아가기 어려울 것입니다. 사람은 죽음에 대한 면역이 없고, 죽음에 적응하지도 못합니다. 죽음은 항상 낯설고 고통스럽습니다. 필립 얀시는 그의 책 [예수님이 읽으신 성경]에서 죽음이 사람을 삼킨다고 말하면서 선이 아니라 악이 이기는 것처럼 보인다고 말했습니다.[14] 죽음을 악으로 묘사한 셈입니다. 악의 문제를 해결할 수 없다면 끝내 세상은 악에게 혹은 죽음에게 삼켜질 수밖에 없습니다. 요한이 신중하게 선택한 마지막 일곱 번째 이적이 정확하게 이 문제를 겨냥합니다.

죽은 나사로를 살리신 예수는 누구인가?

요한복음 11장에서 요한은 예수께서 사랑하셨던 나사로가 병에 걸렸다는 사실을 알려줍니다. 한눈에 보기에도 가벼운 병이 아니었습니다. 나사로의 병색은 점점 깊어졌습니다. 의학지식이 부족한 사람이 보아도 얼마 지나지 않아 죽을 것처럼 보였습니다.

생명이 꺼져가는 오빠를 보고 있는 마르다와 마리아의 마음은 타들어 갔을 겁니다. 일분일초가 위급한 상황에서 자매는 예수를 찾을 수밖에 없었습니다.

절망적이고 다급한 상황이었지만, 희망의 끈을 아주 놓치는 않았을 것 같습니다. 다름이 아니라 예수께서 인근 마을에 계셨기 때문입니다. 예수께 급히 기별을 보내면 당장 오실 것이고, 예수께서 오시면 병든 나사로를 씻은 듯 고쳐 주시고 살려주실 것이라 철석같이 믿었을 테니까요. 믿음대로 마르다와 마리아 자매는 급히 사람을 예수께 보냈습니다. 나사로의 상태를 자세하게 말씀드려 속히 오셔서 나사로의 병을 고쳐 주실 것을 기대했습니다.

어떻게 된 일인지 예수는 지체했습니다. 마치 아무것도 모르는 것처럼, 아니 죽어가는 나사로와 무기력하게 쳐다볼 수밖에 없는 마르다와 마리아는 안중에도 없는 것처럼 보였습니다. 거리가 먼 것도 아니었습니다. 지금 하시는 사역이 중요하지만, 그렇다고 죽어가는 사람을 살리는 것보다 급하고 중요한 일은 아니었을 것입니다. 무엇보다 예수께서 나사로와 마리아 마르다를 사랑하셨습니다. 사랑하는 나사로가 병들어 죽어가고 있다면, 당장에 달려오실 것이라고 기대할 수 있습니다. 어떻게 된 일인지 예수는 도무지 일어날 기미가 없으셨습니다. 이상한 일이 아닐 수 없습니다. 기대가 크면 실망도 큰 법이지요. 사랑하는 예수에 대한 소망과 기대가 컸기 때문에 이 사건을 지켜보는 사람의 실망과 절망은 더 크고 깊었을 것입니다. 마르다와 마리아의 심정은 더 말할 것도 없습니다.

　나사로가 죽고 며칠이 지나서야 비로소 예수께서 오셨습니다. 너무 늦었습니다. 이제 모든 것이 끝났습니다. 죽음이 생명을 삼켰고, 악이 선을 이겼다고 볼 수밖에 없는 시간이자 자리였습니다. 싸늘한 죽음과 침묵, 갑작스런 죽음이 몰고 온 슬픔과 눈물이 시공간을 채우는 곳에 예수께서 오셨습니다. 그 시간 그 자리에서 요한복음에 기록된 일곱 가지 이적 중 마지막 이적이자 최고의 이적이 일어났습니다. 예수께서 죽은 나사로를 살리신 이적입니다. 예수께서는 나사로 외에도 죽은 사람을 살리셨습니다. 나인 성 과부의 아들과 회당장 야이로의 딸입니다. 죽은 사람을 살리셨다는 점에서는 같지만, 나사로를 살리신 일은 앞서 행하신 두 사건과는 분명한 차별성이 있습니다.

　먼저 회당장 야이로의 딸이 죽었을 때를 생각해 보겠습니다. 그때 예수께서는 야이로의 집으로 가시던 중이었습니다. 가시던 도중 혈루병에 걸린 여인 사건이 일어나 시간을 지체하셨고, 그때 야이로의 딸이 죽고 말았습니다. 예수께서는 걸음을 멈추지 않으시고 야이로의 집으로 가서서 조금 전 죽은 딸을 살리셨습니다. 다른 한 사건은 나인 성 과부의 아들을 살리신 사건입니다. 예수께서 길을 가시다가 장례를 치르던 사람들을 만나셨습니다. 과부의 아들이 죽어 장사지내는 중이었지요. 야이로의 딸을 살리신 것보다는 시간이 좀 더 흘렀다는 것을 알 수 있습니다. 아들이 죽고, 장례를 준비해서 무덤을 향해 가던 중이었으니까요. 유대인은 사람이 죽고 나면 그 날 장례를 치르는 전통이 있습니다. 이 사실에 비추어 보면 나인 성 과부의 아들 역시 죽은 지 그리 오래되지 않았다는 것을 알 수 있습니다.

나사로는 다릅니다. 예수께서 오셨을 때는 장례식이 다 끝난 것은 물론 나사로가 죽은 지 이미 나흘이나 지났을 때였습니다. 마르다의 말처럼 부패가 진행되어 역겨운 냄새가 진동하던 때였습니다. 요한이 나사로가 매장된 지 나흘이나 되었음을 굳이 밝힌 데는 그만한 이유가 있습니다. 우리에겐 다소 낯설고 이상해서 설명이 필요하지만, 유대인들에겐 너무나 당연해서 굳이 설명이 필요 없는 죽음과 장례에 관한 일종의 숨어 있는 배경지식입니다.

당시 유대인들은 죽은 자의 영혼이 사흘간은 그 시체를 완전히 떠나지 않는다고 생각했습니다. 혹시라도 사흘 안에 죽은 사람이 살아난다면 완전히 떠나지 않은 그의 영혼이 돌아온 것으로 생각했을 것입니다. 이런 사회문화 배경에 비추어 보면 죽은 지 나흘이 되었다는 것은 영혼이 완전히 떠났다는 말이며, 완벽하게 죽었다는 뜻입니다. 요한은 나사로가 죽은 지 나흘이 됐다고 기록했습니다. 나사로가 완벽하게 죽어서 절대로 다시 살아날 수 없다는 뜻입니다.[15] 나사로의 죽음은 더는 의심할 수 없는 죽음이었습니다. 썩는 냄새가 진동하는 나사로는 확실하게 죽었습니다.

예수께서는 나사로를 둔 무덤으로 가서 큰 목소리로 나사로를 불러내셨습니다. 예수의 부름을 들은 나사로는 온몸에 천을 두른 채 뒤뚱거리며 걸어 나왔습니다. 예수께서 완벽하게 죽은 나사로, 죽어서 썩는 냄새가 진동하는 나사로를 말씀으로 살리신 것입니다. 이 사건은 너무나 충격적이었습니다. 보고도 믿을 수가 없었고, 입을 다물 수가 없었습니다. 요한은 이 일을 본 많은 사람이 예수를 믿었다고 기록해 놓았습니다(45절). 믿지 않기가 더 어려운 일이라 생각합니다.

예수께서 죽은 지 나흘이 지나 썩은 냄새가 진동하는 나사로를 말씀으로 살리셨다는 이 소문은 일파만파 퍼져나갔습니다. 소문을 들은 유대인의 큰 무리가 예수와 예수께서 살리신 나사로를 보기 위해 몰려들었습니다(12:9). 몰려들지 않기가 훨씬 더 어려운 일이었겠지요. 몰려든 유대인들은 도대체 예수가 누구인지 질문할 수밖에 없었을 것입니다. 이 충격적인 사건을 접한 대제사장과 바리새인들은 전혀 다른 태도와 전략을 취합니다. 그들은 죽은 나사로를 살린 예수는 물론 다시 살아난 나사로까지 죽여야겠다고 생각했습니다. 이 놀라운 이적을 보았고 들었지만, 예수가 누구인지 질문조차 하지 않았습니다. 참으로 이상한 사람들입니다. 죽은 나사로를 살리신 이적을 보았지만, 이 이적을 행하신 예수가 누구인지 질문은커녕 생각조차 하지 않았습니다.

우리는 질문해야 합니다. 신실하고 진실하며 치밀하고 탁월한 증인이자 작가인 요한이 이 충격적인 이적을 표지판 삼아 보여주려고 한 진실은 무엇일까요? 이 사건을 통해 우리가 보고 만나고 알아가야 할 예수는 누구일까요? 그 대답을 찾아보겠습니다.

죽음을 폐기 처분하신 예수는 누구인가?

죽은 지 나흘이 지나 썩은 냄새가 진동하는 나사로를 살리신 이적은 그 자체만으로도 너무나 충격적입니다. 이 이적 자체만으로도 입을 다물 수가 없습니다. 그러나 이 이적 역시 표지판에 지나지 않습니다. 표지판이 가리키는 실제는 훨씬 더 크고 놀랍고 아름다우며 충격적입니다. 요한이 이 이적을 표지판 삼아 보여주고 증언하려 한 것은 무엇일까요? 먼저 11절을 보겠습니다. 예수께서는 나사로의 죽음을 아주 독특한 언어로 표현하셨습니다.

> 예수님은 이 말씀을 하신 후 그들에게 '우리 친구 나사로가 잠들었다. 그러나 내가 그를 깨우러 간다.' 하고 말씀하셨다. (요 11:11, 현대인의 성경)

나사로는 잠든 것이 아니라 확실히 죽었습니다. 이 사실을 모르실 리가 없는데 예수께서는 나사로가 죽었다고 말씀하시지 않고 '잠들었다'고 말씀하셨습니다. '잠들었다'는 말씀은 죽음을 보시는 예수의 시선을 담아낸 말씀입니다. 예수께서는 말씀하신 대로 나사로를 잠에서 깨우셨습니다(죽은 나사로를 살리셨습니다). 예수께서 죽은 나사로를 '잠들었다'고 하셨을 뿐 아니라 그를 잠에서 깨우셨기 때문에 예수 안에서 죽음은 죽음이 아니라 잠이 되었습니다. 예수께서 사망에게 사망을 선고하시고 죽음을 해체하시고, 사망 권세를 폐기하셨다는 뜻입니다.

이 이적은 우리에게 그대로 적용할 수 있습니다. 잠자는 나사로를 깨우신 예수는 장차 다시 오셔서 무덤 속에 잠자는 성도들을 깨우실 것입니다. 예수께서 죽음을 해체하셨기 때문에 예수 안에서 잠자는 자들은 이미 죽음을 극복하고 이긴 사람입니다. 설령 무덤이, 죽음이 성도를 잡아 가두는 것처럼 보여도 그것은 잠깐일 뿐입니다. 예수께서 부르실 때 무덤이 나사로를 내어준 것처럼 무덤과 죽음이 사랑하는 사람은 물론 우리를 내어줄 것입니다. 예수께서는 죽음을 새롭게 정의하셨을 뿐만 아니라 말씀하신 대로 잠든 나사로를 깨우셨습니다. 그렇습니다. 요한은 죽은 나사로를 살리신 이적을 예수 안에 있는 성도가 장차 부활할 것을 보여주는 표지판으로 사용합니다.

여기서 멈추면 안 됩니다. 죽은 나사로를 살리신 이적이 장차 우리의 부활을 보여준다면, 이 표지판 앞에서 반드시 생각해야 할 것이 있습니다. 그것이 바로 이 표지판을 통해 진짜 보여주려는 것입니다. 이 표지판의 참모습을 찾아가기 위해 일곱 번째 이적과 다른 이적과의 관계를 정리하는 일이 필요합니다.

여섯 가지 표적을 아우르는 표적

사도 요한은 요한복음을 분명한 목적과 의도를 가지고 신중에 신중을 가해 기록했습니다. 그는 표지판으로 삼을 이적 일곱 가지 역시 치밀한 의도를 따라 선별하고 배열했습니다. 요한이 선별한 일곱 가지 이적은 각자 고유한 이적이지만, 동시에 한 가지 목표를 향해 함께 흘러갑니다. '따로 또 같이'라는 말처럼 일곱 가지 이적은 따로 또 같이 예수를 향해 흘러갑니다. 그 목적은 요한복음에 기록되어 있습니다.

> 오직 이것을 기록함은 너희로 예수께서 하나님의 아들 그리스도이심을 믿게 하려 함이요 또 너희로 믿고 그 이름을 힘입어 생명을 얻게 하려 함이니라(요 20:31)

요한이 선별한 일곱 가지 이적은 '따로 또 같이' 예수가 하나님의 아들임을 보여주고, 예수를 믿고 그 이름을 힘입어 하나님의 생명을 얻게 하려는 표지판입니다. 그중 가장 중요한 이적을 뽑으라면 단연코 죽은 나사로를 살리신 일곱 번째 이적입니다. 주인공은 마지막에 등장하는 법이지요. 죽은 나사로를 살리신 일곱 번째 이적은 가장 선명하고 커다란 표지판일 뿐 아니라 앞서 나온 여섯 가지 이적을 아우르는 이적이기도 합니다.

물로 포도주를 만드신 이적은 죽은 나사로를 살리서서 생명과 기쁨, 안식이 가득한 새로운 세상을 여신 예수와 연결됩니다. 말씀으로 거의 죽게 된 신하의 아들을 살리신 이적은 말씀으로 죽은 나사로를 살리신 이적과 연결됩니다. 38년 된 병자를 치유하신 이적은 죽은 나사로를 살리서서 죄가 가져온 죽음을 이기시고 안식을 회복시키신 예수와 연결됩니다. 생명의 양식을 가리키는 오병이어 이적은 죽은 나사로를 살리신 생명의 주 예수와 긴밀하게 연결됩니다. 물 위를 걸으신 이적은 죽은 나사로를 살리서서 사망의 음침한 골짜기에서 건져내시고 푸른 초장으로 인도하시는 예수와 연결됩니다. 나면서부터 보지 못하는 자를 고치신 이적은 죽음이라는 완전한 어둠 속에 있던 나사로를 빛 가운데로 부르신 예수에게로 흘러갑니다. 이처럼 요한이 기록한 앞의 여섯 가지 표지판은 하나같이 죽은 나사로를 살리신 예수에게로 수렴됩니다.

요한이 제시한 마지막 일곱 번째 이적은 다른 여섯 가지 이적과 기막히게 연결됩니다. 단지 연결될 뿐 아니라 여섯 가지 이적과 함께 더욱 뚜렷하게 예수가 누구인지, 예수께서 행하실 가장 큰 일이 무엇인지 보여줍니다. 바로 십자가의 죽음과 부활입니다. 유상섭 교수는 일곱 번째 표지판을 이렇게 해석합니다.

예수님은 나사로의 죽음과 다시 살아남을 통해 하나님의 아들이 영광을 받을 것을 염두에 두고 이렇게 말씀하신 것이다. 하나님의 아들이 영광을 받는다는 사상은 요한복음에서 십자가를 염두에 둔 사건이므로, 이것은 한 걸음 더 나가서 궁극적으로는 예수께서 십자가와 부활로 영광 받으실 것을 미묘하게 예언하는 말씀이다(7:39; 12:16, 23, 28; 13:31-32; 17:1). [16]

요한은 죽은 나사로를 살리신 일곱 번째 이적을 표지판 삼아 예수의 십자가 죽으심과 부활을 가리킵니다. [17] 죽은 나사로를 살리신 이적이 정말로 예수의 십자가 죽음과 부활을 가리키는 표지판이라면, 이 사건은 예수의 죽음과 연결되어야만 합니다. 과연 이 이적이 예수의 죽음으로 흘러갈까요? 이 이적이 어디로 흘러가는지 따라가 보겠습니다.

예수의 십자가 죽음과 부활을 보여주는 표지판

죽은 나사로를 살리신 이적은 예수의 행보에 가장 큰 영향을 미쳤습니다. 성경을 보면 알 수 있듯이 이 이적으로 인해 많은 유대인이 예수를 믿게 되었습니다(45절). 그럴 수밖에 없습니다. 한 번 생각해볼까요? 우리가 함께 사랑하는 청년(가족, 친구, 이웃, 성도)의 장례식에 갔습니다. 그는 기절한 것이 아닙니다. 죽었습니다. 사랑하는 이의 죽음 앞에서 슬퍼하는 것이 전부인 그때 제가 싸늘한 시체로 누워 있는 청년을 향해 '일어나라'라고 크게 말했다고 상상해 보십시오. 속으로 무슨 생각을 하시겠습니까? 저 젊은 목사가 돌았나? 미친 거 아냐? 왜 저래? 누가 좀 말려! 모두가 당황하고 안절부절못할 것입니다.

충격적이게도 그때 죽은 사람이 관 뚜껑을 열고 살아나왔다고 생각해 보십시오. 어떤 일이 일어나겠습니까? 당장에 휴대전화로 동영상 찍고, 사진 찍고, 여기저기에 소식 전하고, 각종 SNS에 올리지 않겠습니까? 장례식장이 아수라장이 될 것입니다. 다른 장례식장에 있던 사람들이 다 몰려올 것입니다. 내 자녀, 내 부모, 내 형제, 내 친구도 살려달라고 부탁할지도 모릅니다. 난리도 그런 난리가 없을 겁니다. 당장 다음 주부터 제가 사역하는 교회가 북새통이 되고, 제가 사는 집 앞으로 사람이 몰려들지도 모를 일이지요. 정규방송 뉴스는 물론, 각종 종편에 섭외와 출연을 넘어 전 세계에 토픽으로 나올지도 모를 일입니다. 하루아침에 대한민국에서 가장 유명한 사람이 될 것이고, 전 세계적인 명사가 될지도 모르겠습니다.

예수께서 죽은 지 나흘이나 된 나사로를 살리신 이적이 바로 그와 같습니다. 이 이적을 목격한 사람들은 충격을 받았습니다. 소문은 바람을 탄 불처럼 삽시간에 퍼져나갔고, 예루살렘과 그 일대에 난리가 났습니다. 많은 유대인이 예수를 믿었습니다. 이적을 본 자들뿐 아니라 그들의 증언을 들은 사람들도 예수를 믿었습니다. 기득권을 지키려는 유대 종교 지도자들도 난리가 나긴 마찬가지였습니다. 그간 말도 많고 탈도 많았던 예수가 드디어 마침표를 찍은 사건으로 받아들였습니다. 궁지에 몰린 대제사장과 바리새파 사람을 포함한 종교 지도자들이 산헤드린 공회를 소집했습니다. 그 자리에서 그들이 했던 말을 들어보겠습니다.

> 그래서 대제사장들과 바리새파 사람들은 공의회를 소집하여 말하였다. "이 사람이 표징을 많이 행하고 있으니, 어떻게 하면 좋겠습니까? 이 사람을 그대로 두면 모두 그를 믿게 될 것이요, 그렇게 되면 로마 사람들이 와서 우리의 땅과 민족을 약탈할 것입니다."(요 11:47-48, 새번역)

그들은 예수로 인해 이스라엘과 유다와 예루살렘이 멸망하게 될 것으로 예견했습니다. 예수가 세력을 규합해 로마에 대응할 것이고, 예수를 메시아로 받아들인 민중이 그와 함께 일어날 것으로 생각했습니다. 이런 일이 일어나면 로마가 강력한 군대를 보내 이스라엘과 예루살렘을 짓밟을 것이라고 예상한 것입니다. 그만큼 로마가 강력한 나라였다는 것도 알 수 있는 대목입니다. 하지만, 이들의 진짜 속내는 따로 있습니다. 예수께서 예루살렘 성으로 입성하실 때였습니다. 예수를 메시아로 생각한 온 백성이 이스라엘을 상징하는 종려나무 가지를 꺾어 들고 예수를 환영하고 소리 지르고 노래를 불렀습니다. 그때 바리새인들이 했던 말이 있습니다.

> 바리사이파 사람들은 "자, 이제는 다 틀렸습니다. 모든 사람이 다 그를 따라가고 있지 않습니까?" 하며 서로 걱정하였다. (요 12:19, 공동 번역)

예수 때문에 그들이 누려왔던 기득권을 하루아침에 잃어버릴 수 있다고 생각했습니다. 예수의 가르침, 예수께서 행하신 놀라운 일, 요한이 선별한 일곱 가지 이적을 그들 역시 듣고 보았습니다. 이쯤 되면 예수가 누구인지 다시 질문해야 하는 것 아닐까요? 놀랍게도 그들은 예수가 누구인지에 관심이 없었습니다. 그들의 관심은 오롯이 그간 누려왔던 정치 종교 권력과 기득권에 있었고, 그것을 사수하는 데 있었습니다. 정말 좋게 봐준다고 해도 로마로부터 유대를 지키겠다는 것이 고작입니다. 그들은 자신이 손에 쥔 것을 지키기 위해 모의하고 계획하기 시작했습니다.

그들의 계획이 무엇입니까? 예수를 죽이는 것입니다(요 11:53). 대제사장들은 예수뿐 아니라 나사로까지 죽이자고 모의했습니다

(요 12:10). 죽은 나사로를 살리신 이 이적 때문에 산헤드린 공회는 예수를 죽여야 한다는 데 일치단결했고 대동단결했습니다(49~53절). 그것도 그냥 죽이는 것이 아니라 반드시 십자가에 못 박아 죽여야 한다고 의견을 모았습니다. 예수를 반드시 십자가에 못 박아 죽여야 할 이유가 있습니다. 예수를 십자가에 못 박아 죽인다면, 단번에 이 운동을 끝낼 뿐 아니라 예수가 메시아가 아니라는 것을 모든 유대인에게 알릴 수 있기 때문입니다. 유대인들은 신명기 말씀에 따라 나무에 달려 죽은 사람은 저주를 받았다고 믿었습니다(신 21:23). 예수를 십자가에 못 박아 죽인다면 예수는 절대로 메시아일 수 없습니다. 그는 하나님의 저주를 받아 죽은 사람일 따름입니다. 예수를 죽이되 십자가에 못 박아 죽인다면 그들은 두 마리 토끼를 동시에 잡을 수 있다고 믿었습니다.

핵심은 따로 있습니다. 예수를 십자가에 못 박아 죽이자는 음모의 결정적인 원인이 바로 죽은 나사로를 살리신 이적이라는 사실입니다. 예수께서 죽은 나사로를 살리셨기 때문에 예수는 죽음을 뒤집어쓰게 되셨습니다. 요한은 나사로를 살리신 이적을 들은 종교 지도자들의 은밀한 모의를 고발함으로써 이 이적이 예수의 십자가 죽음으로 흘러간다는 사실을 만천하에 드러냅니다.

나사로의 죽음과 예수의 죽음

당시 사회 분위기와 얼마 전 예수께서 예루살렘에 입성하실 때 있었던 사건을 떠올리면 이 사실을 더욱 입체적으로 이해할 수 있습니다. 종교 지도자들은 예수를 미워했고 죽이려 했습니다. 예수께서 예루살렘으로 들어가실 때 그렇게 환호했던 백성들도 예수를 죽이라고 외치는 폭도로 돌변했습니다. 10장 31절을 보면 예수께서 자신을 하나님의 아들로 선언한다는 이유로 돌을 들어 예수를 치려 했다는 사실도 알 수 있습니다(요 10:31).

이런 분위기 속에 나사로를 살리기 위해 유대 지역으로 들어간다면 무슨 일이 일어날지 불을 보듯 뻔합니다. 도마가 다른 제자들에게 "우리도 주와 함께 죽으러 가자"라고 말한 것은 그때 예루살렘의 분위기가 어땠는지 정확하게 보여줍니다(요 11:16). 이 모든 것을 아시면서도 예수는 죽은 나사로를 살리기 위해 유대 지역으로 들어가셨고, 죽은 나사로를 살리셨습니다. 하나님의 아들로서 영광 받기 위해, 즉 십자가에 달려 돌아가시기 위해 죽은 나사로를 살리신 것이라고 말해도 지나치지 않습니다.

11장의 시기적 배경도 죽은 나사로를 살리신 이적에 담긴 진정한 의미를 이해하는데 큰 통찰을 제공합니다. 이때는 예수의 공생애 기간 중 마지막 1월경부터 3~4월경입니다. 어린양을 잡는 유월절 직전입니다. 이때는 예수께서 잡히시고 수난당하시고 십자가에 달려 돌아가실 일이 눈앞에 와 있는 때입니다. 시기적으로 볼 때도 죽은 나사로를 살리신 사건은 예수의 십자가 죽음과 사흘째 되던 날 부활하실 것의 예고편이라고 말할 수 있습니다.

죽은 나사로를 살리신 이적이 십자가의 죽음과 부활을 의미한다는 사실을 확증하신 분은 다름 아닌 예수입니다. 예수께서는 말씀으로 이 일을 가르치셨습니다. 요한복음 11:25~26절 말씀을 보십시오.

> "나는 부활이요 생명이니, 나를 믿는 사람은 죽어도 살고, 살아서 나를 믿는 사람은 영원히 죽지 아니할 것이다. 네가 이것을 믿느냐?" (요 11:25~26, 개역 개정)

예수는 나사로의 죽음 앞에서 어쩔 줄 모르는 사람들에게 '나는 부활이요 생명'이라고 선언하셨습니다. 출애굽기에서 하나님께서 말씀하신 '나는 스스로 있는 자'라는 하나님의 자기 선언을 떠올리게 만드는 말씀입니다(출 3:14). 예수께서는 자신을 부활이요 생명이라 말씀하셨을 뿐 아니라 죽은 나사로를 살리심으로 자신의 말씀을 확증하셨습니다. 한 가지 더 생각할 것이 있습니다. 자신을 부활과 생명이라고 말한 예수의 자기 선언에는 예수께서 죽음을 통과하셔야 한다는 의미가 숨어 있습니다. 죽지 않고 부활할 수는 없기 때문입니다. 나사로의 죽음과 예수의 죽음이 연결되어 있다는 것은 2절 말씀을 통해서도 드러납니다.

> 이 마리아는 주님께 향유를 붓고, 자기의 머리털로 주님의 발을 씻은 여
> 자요, 병든 나사로는 그의 오라버니이다. (요 11:2, 새번역)

흥미롭다고 해야 할까요? 마리아가 예수께 향유를 부은 사건은 요한복음 11장이 아니라 12장에 나옵니다. 죽은 나사로를 살리신 후 마리아가 순전한 나드 향 한 근을 예수께 부은 것입니다. 요한은 11장에서 마리아를 소개하면서 12장에 있었던 사건을 미리 당겨옵니다. 마리아가 예수께 향유를 부은 사건과 죽은 나사로를 살리신 사건이 관계가 있다는 것을 밝힌 것입니다. 이 장면을 좀 더 깊이 생각해 보고 싶습니다. 마리아가 예수께 향유를 부을 때 그 자리에서 그 광경을 목격하던 사람은 누구나 경악을 금치 못했습니다. 여자가 남자에게 기름을 붓는 행위 자체만으로도 얼마든지 오해할 수 있습니다. 게다가 마리아는 자기 머리털로 예수의 발을 닦았습니다. 기상천외한 일이 일어난 셈입니다. 마리아가 부은 순전한 나드 향유 한 근의 가치도 한몫했습니다. 대략 잡아도 300데나리온입니다. 어림잡아 노동자 1년 품삯에 해당하는 고가의 향유입니다. 지나친 낭비처럼 보였음이 틀림없습니다.

보기에 따라 굉장히 당혹스러운 일입니다. 추문으로 이어질 수도 있는 일입니다. 어찌 된 일인지 예수께서는 태연하셨을 뿐 아

니라 이 일을 자연스럽게 받아들이셨습니다. 한 걸음 더 나아가 예수께서는 마리아를 칭찬하시면서 마리아가 예수께 향유를 부은 사건의 의미를 해석해 주셨습니다.

> 예수께서는 이렇게 말씀하셨다. "이것은 내 장례일을 위하여 하는 일이니 이 여자 일에 참견하지 마라. (요한복음 12:7, 공동 번역).

예수께서는 마리아가 자신에게 기름을 부은 사건을 당신의 장례로 연결하셨습니다. 예수께서는 자기가 십자에서 죽으실 것을 이미 알고 계셨습니다. 자기에게 향유를 붓는 마리아를 막지 않으신 이유입니다. 마리아는 나사로를 살리신 예수께 기름을 부었고, 예수께서는 그 일을 당신의 십자가 죽음으로 연결하셨습니다. 요한은 죽은 나사로를 살리신 이적과 예수께 향유를 부은 사건이 예수의 십자가 죽음과 연결되는 것을 넌지시 알려줍니다.

여러 말씀으로 설명했지만, 한 문장으로 정리할 수 있습니다. "죽은 나사로를 살리셨기 때문에 예수가 십자가에 달려 죽게 되었다." 라는 문장입니다. 예수께서는 왜 죽음을 무릅쓰고 죽은 나사로를 살리신 것일까요? 의심의 여지 없이 '사랑' 때문입니다. 이 관점에서 보면 죽은 나사로를 살리신 표지판은 저 유명한 "하나님이 세상을 이처럼 사랑하사 독생자를 주셨으니 이는 그를 믿는 자마다 멸망하지 않고 영생을 얻게 하려 하심이라. (요 3:16)" 라는 말씀과 기막히게 연결되며, 이 말씀을 성취하신 이적으로도 해석할 수 있습니다. 여기까지 와보니 요한이 이 이적을 표지판 삼아 보여주려 했던 엄청난 비밀이 드러납니다. 바로 예수의 복음입니다. 죽은 나사로를 살리신 이 놀라운 이적은 예수의 복음을 가리키는 표지판입니다. 이것은 종교 지도자들의 작품이 아닙니다. 이 일을 계획하시고 성취하신 삼위일체 하나님의 신비롭고 놀라운 최고의 작품입니다.

하나님의 아들이 받을 영광

액면가를 놓고 보면 예수의 십자가 죽음, 그것은 당시 종교 지도자들의 그림대로 흘러간 작품처럼 보입니다. 예수는 나무(십자가)에 달려 죽었습니다. 신명기에 따르면 나무에 달린 사람은 하나님의 저주 받은 사람입니다(신 21:23). 요한은 예수의 십자가 죽음이 종교 지도자들이 원한 방식이었고, 그들의 계획대로 이루어졌지만, 그 너머에 있는 누구도 상상하지 못한 놀라운 일을 드러낸다고 말합니다. 예수께서 십자가에 달려 죽는 것이 저주가 아니라 영광이라고 말입니다. 요한복음 11:4 말씀은 나사로의 죽음과 죽은 나사로를 살리신 사건이 담고 있는 핵심 내용을 잘 정리하고 있습니다. 4절을 함께 읽어보겠습니다.

예수께서 들으시고 이르시되 이 병은 죽을병이 아니라 하나님의 영광을 위함이요. 하나님의 아들이 이로 말미암아 영광을 받게 하려 함이라 하시더라. (요 11:4, 개역 개정)

예수께서는 나사로의 죽음과 죽은 나사로를 살리는 일이 하나님의 영광을 위함이라고 선포합니다. 살펴본 것처럼 죽은 나사로를 살리셨기 때문에 예수께서 죽을 것입니다. 예수께서는 바로 그 일(죽은 나사로를 살리셔서 당신이 십자가에 달려 죽임당할 일)을 통해 영광 받을 것이라고 말씀하셨습니다.

'영광을 받는다'라는 말은 이 시대를 사는 우리가 오해하기 쉬운 언어입니다. 현대를 사는 우리는 영광을 받는다는 말을 올림픽에서 금메달을 딴 선수가 제일 높은 곳에 올라 금메달을 수상하는 듯한 느낌으로 읽기 쉽습니다. 아니면 연예인이 연말 시상식에서 대상을 받거나, 고3 학생이 좋은 대학에 수석으로 입학하거나, 대학생이 수석으로 졸업하는 것과 같은 일로 연결합니다. 오해입니다. 요한복음에서 하나님의 아들이 영광을 받는다는 말은 예수의 십자가 사건을 염두에 둔 표현입니다. 예수께서는 그 영광을 위해 죽은 나사로를 살리셨고, 죽은 나사로를 살리심으로 십자가에 달려 죽는 길을 걸으셨으며, 그 길이 곧 영광의 길이라고 말씀하셨습니다.

죽은 나사로를 살리신 표적이 보여주는 것

죽은 나사로를 살리신 이적은 자기 백성을 살리기 위해 십자가에서 물과 피를 아낌없이 쏟으시며, 생명을 내어주신 하나님의 아들 예수를 보여주는 표지판입니다. 치밀하며 친절한 저자 사도 요한은 죽은 나사로를 살리신 이적을 표지판 삼아 예수와 우리의 관계를 정확하게 보여줍니다. 죽은 나사로를 살리신 이적을 표지판 삼아 우리 죄를 용서하시려고 자기 생명을 내어주신 예수, 우리를 살리시기 위해 죽음을 이기시고 부활하신 하나님의 아들 예수를 보여줍니다. 다시 말씀드리지만, 죽은 나사로를 살리신 이적은 예수의 십자가 죽음과 부활, 곧 예수의 복음을 보여주는 표지판입니다.

이제 다시 우리가 살아가는 세상으로 돌아갈 시간입니다. 우리 사는 세상을 보십시오. 황당할 정도로 생명을 가볍게 여기는 시대입니다. 죽고 죽이는 전쟁이 끝날 기미가 보이지 않습니다. 우리 주변에서도 다양한 종류의 폭력을 목격합니다. 전쟁과 폭력, 미움과 시기, 비난과 손가락질은 이 시대를 사는 사람이 생명을 얼마나 가볍게 여기는지 보여주는 척도와 같습니다. 생명을 가볍게 여기는 시대 분위기는 역설적으로 지나칠 정도로 죽음을 두려워하는 현상으로도 나타납니다. 현대인은 죽음을 극도로 혐오합니다. 의학의 발전이나 각종 의약품, 건강보조식품, 온갖 종류의 보험은 죽음에 대한 공포를 보여주는 지표라고 말해도 좋을 것입니다.

우리는 이런 시대 가치와 정신이 넓고 깊게 퍼진 세상을 살아가고 있습니다. 죽은 나사로를 살리신 일곱 번째 표지판을 주목하고 톺아보아야 할 분명한 이유입니다. 죽은 나사로를 살리기 위해 십자가에서 죽으신 예수를 주목할 때 생명이 얼마나 소중한지 발견하고 깨달을 것입니다. 죽은 나사로를 살리신 이적을 통해 부활하신 예수를 주목할 때 죽음을 지나치게 두려워하지 않는 사람이 될 것입니다. 죽은 나사로를 살리신 이적이 가리키는 예수의 복음을 붙들 때 생명을 사랑하고 존중할 뿐 아니라 죽음을 다르게 해석하는 사람, 예수 안에서 죽음을 이기는 사람이 될 것입니다.

죽은 나사로를 살리신 이적을 표지판 삼아 생명의 주요 부활의 첫 열매가 되신 예수께로 더 가까이 나아갑시다. 이 표지판을 통해 예수를 더 깊이 생각하고 알아가고 사귀어갑시다. 이 표지판이 가리키는 예수의 복음을 발견하고 붙들 때 생명의 주 예수와 함께 거침없이 담대하게 살아가는 그리스도인이 될 것입니다. 생명을 가볍게 여기는 사람에게 하나님의 생명을 보여주는 그리스도인이 될 것이며, 죽음을 두려워하는 사람에게 부활이요 생명이신 예수 그리스도를 보여주는 하나님의 자녀가 될 것입니다. 아멘.

일곱 번째 이적 한 문장 요약

■ 죽은 나사로를 살리신 일곱 번째 이적은 우리를 위하여 십자가에서 죽으시고 부활하신 예수와 예수의 복음을 가리키는 표지판입니다.

더 깊은 묵상을 위한 소그룹 나눔 질문

1. 이번 장을 읽으면서 새롭게 깨달은 점이나, 가슴에 깊숙이 와닿은 부분이 있다면 정리해 보고 이야기해 봅시다.

2. 예수께서는 죽은 나사로를 향해 잠을 잔다고 말씀하셨습니다. 우리도 이 표현을 사용할 수 있을까요? 그렇다면 왜 그렇다고 생각하는지, 아니라면 왜 아니라고 생각하는지 이야기해 봅시다.

3. 예수께서는 나사로가 걸린 병은 하나님의 영광을 위함이라고 말씀하셨습니다. 또한, 이 일로 하나님의 아들이 영광을 받게 될 것이라고 말씀하셨습니다. 예수께서 받으신 영광이 십자가라면 예수의 뒤를 따르는 그리스도인은 영광을 어떻게 보아야 할까요?

4. 죽은 나사로가 다시 살아난 이적은 예수의 십자가와 부활의 복음을 보여주고 설명하는 표지판입니다. 이 표지판을 통해 예수를 만난다면 우리 삶이 어떻게 달라질 수 있을까요?

나가는 글

소비주의, 개인주의, 포스트모더니즘, 감각주의, 해체주의 등 여러 철학 사조가 기승을 부리는 세상입니다. 이것도 부족해서 요즘은 참으로 불안한 시대입니다. 우리는 참으로 낯설고 당혹스러운 세상을 살아가고 있습니다. 표지판을 주목하면서 신앙 여정을 걸어가지 않는다면, 자칫 길을 잃기 쉬운 세상입니다. 세상의 소금과 빛의 사명을 감당하기는커녕 맛 잃은 소금이 되거나, 어둠을 밝히지 못하는 빛으로 전락할 위험이 큽니다. 우리가 발 딛고 살아가는 세상을 주목하면 할수록, 세상의 소금과 빛이라는 주께서 주신 정체성을 생각하면 할수록 예수를 더욱 깊고 바르게 알아가야 한다는 사실을 깨닫습니다.

이상한 말처럼 들릴 수 있지만, 골고다에서 예수와 함께 못 박힌 채 죽어가던 한 강도는 우리에게 좋은 모범입니다. 그는 폭동에 연루되었던 사람처럼 보입니다. 어쩌면 예수 대신 풀려난 바라바와 같은 부류의 사람이 아닐까 짐작합니다. 낯설고 당혹스러운 세상에서 거친 인생을 살아온 사람이었겠지요. 그는 길을 잃은 사람이었습니다. 처음 십자가에 못 박혔을 때 그는 길 잃은 사람답게 예수를 저주하고 욕했습니다. 예수의 바로 곁에 있으면서도 예수를 알아보지 못했습니다. 그의 마음과 생각, 그의 삶이 얼마나 왜곡되었는지 짐작할 수 있습니다.

충격적이라고 할까요? 얼마 지나지 않아 그는 예수께 자기를 불쌍히 여겨달라고 말하는 사람으로 변했습니다(눅 23:42). 십자가에 달려 죽어가던 그 짧은 시간에 그는 완전히 다른 사람이 되었습니다. 어떻게 그럴 수가 있었을까요? 십자가에 달린 채로 예수를 주목하고, 예수의 눈빛을 보고, 예수의 말씀을 들으면서 예수가 누구인지 희미하게나마 알았기 때문이 아닐까요? 당신의 나라에 임하실 때 나를 기억해달라는 그 짧은 한마디 고백으로 그는 그날 그 시간에 낙원을 허락받았습니다. 하나님의 은혜와 사랑이 얼마나 크고 놀라운지 보여준 사람이 되었습니다.

여기서 우리는 상상의 나래를 펼칠 수 있습니다. 만약 그가 예수를 더 일찍 만났더라면, 예수의 말씀을 주목하면서 예수가 누구인지 더 일찍 알았다면, 예수를 아는 지식이 깊고 바르게 자라갔다면 그는 어떤 사람이 되었을까요? 자기의 인생 이야기를 어떻게 써 내려갔을까요? 마음껏 상상해 보시면 좋겠습니다. 적어도 길을 잃고, 엉뚱한 삶을 살다가 십자가에 달려 죽는 인생이 되지는 않았을 것 같습니다. 어쩌면 초대교회의 중요한 일꾼이 되었을지도 모를 일입니다. 어떤 상상을 하든 출발점은 예수이며, 예수를 아는 지식입니다.

"예수는 누구인가?"라는 가장 중요한 질문으로 책을 시작했습니다. 이 질문에 어떤 대답을 하느냐에 따라 우리 삶의 방향과 내용, 결이 완전히 달라질 것입니다. 그렇습니다. 예수를 아는 지식이 우리 인생을 바꾸고 우리의 영원을 바꾸어 놓습니다. 사도 바울이 예수를 아는 지식이 가장 고상하다고 고백한 이유일 것입니다(빌 3:8).

예수의 사랑받는 제자요 목격자인 요한은① 물로 포도주를 만드신 이적, ② 신하의 아들을 고치신 이적, ③ 38년 된 병자를 고치신 이적, ④ 오병이어로 오천 명을 먹이신 이적, ⑤ 바다 위를 걸으신 이적, ⑥ 시각장애인으로 태어난 사람을 고치신 이적, 그리고 ⑦ 죽은 나사로를 살리신 이적, 이 일곱 가지 이적을 표지판 삼아 예수가 누구인지 신실하고 진실하고 충만하게 증언했습니다. 요한이 제시한 표지판을 통해 예수를 알아가는 일의 중요성은 아무리 강조해도 지나치지 않습니다. 신구약 성경을 통해 예수를 알아갈 때 예수가 누구인지 더 구체적이고 정확하게 고백할 것입니다. 예수를 하나님의 아들로 고백할 때 구원의 길이 활짝 열립니다. 동시에 이 복잡한 세상에서도 그리스도인답게 살아가는 길이 선명하게 드러날 것입니다.

요한이 제시한 표지판을 주목하면서 예수가 누구인지 살펴보았습니다. 서문에서 말씀드린 것처럼 표지판은 표지판일 뿐 실제는 아닙니다. 고속도로에서 만나는 표지판을 보면서 우리는 실제를 상상합니다. 표지판을 따라 달려갈 힘을 얻습니다. 표지판을 통해 목적지에 도착하면 더는 표지판을 주목하지 않습니다. 실제를 마음껏 누리고 경험합니다. 요한이 제시한 일곱 가지 표지판도 이와 같습니다. 요한이 제시한 일곱 가지 표지판을 통해 예수가 누구인지 그림을 그릴 수 있습니다. 상상할 수 있습니다. 그러나 표지판은 표지판일 뿐 실제는 아닙니다. 표지판을 보면서 실제를 향해 멈추지 않고 걸어가야 합니다. 그때 우리는 표지판이 가리키는 예수, 표지판이 다 담아낼 수 없는 크고 놀랍고 아름답고 신비로 가득한 예수를 만날 것입니다.

요한복음을 읽으면서 발견한 사실이 하나 더 있습니다. 요한이 신중하게 선별한 일곱 가지 이적과 그와 관련한 사건이 12장에서 끝난다는 점입니다. 요한복음은 아직 한참이나 남았는데 말입니다. 문득 머리를 스친 생각이 있습니다. 요한복음 13~20장까지는 예수의 십자가 죽음과 부활에 오롯이 초점을 맞춥니다. 앞서 소개한 일곱 가지 이적을 중심으로 볼 때 1~12장 말씀이 일곱 가지 이적을 표지판 삼아 예수가 누구인지 드러냈다면, 13~20장 말씀은 이 표지판을 성취하는 과정을 담은 것이 아닐까? 라는 생각이었습니다. 이 일곱 가지 표지판을 진실한 표지판으로 만드신 것이 결국 예수의 십자가 죽음과 부활이라는 점에서 볼 때 이런 생각도 얼마든지 해볼 수 있지 않을까 싶었습니다. 일곱 가지 이적을 표지판 삼아 요한복음과 예수를 묵상하면서 피어난 생각이었습니다.

표지판을 주목하면서 예수를 향해 걷고, 예수를 알아가고, 예수를 만나는 일은 아무리 친절한 안내자라도 대신해줄 수 없습니다. 각 사람이 해야 할 일입니다. 그렇다고 낙심할 필요는 없습니다. 이 길은 혼자 걷는 길이 아니라 다른 지체들과 손을 잡고, 때로는 밀어주고 끌어주면서 함께 걷는 길입니다. 지체들과 함께 표지판을 보면서 표지판을 통해 서로가 발견한 예수를 나눈다면 예수를 아는 지식은 비교할 수 없이 더 풍성해질 것이며, 푯대를 향해 걷는 걸음은 더욱 힘차고 담대해질 것입니다.

그리스도인으로 이 땅을 살아가는 동안 끊임없이 예수가 누구인가? 라는 질문을 던지면 좋겠습니다. 친절한 안내자인 요한과 함께 산책하듯 천천히, 규칙적으로 말씀을 탐색하면서, 요한과 함께 질문하고 생각하면서 하나님의 생명이 걸려 있는 이 중요한 질문에 대답해 나가면 좋겠습니다. 곰살맞으신 우리 주 예수께서는 당신을 가까이하는 우리를 가까이하시며, 당신의 품을 파고드는 우리를 언제나 그 넓은 품에 맞아주실 것입니다.

책장을 덮지만, 예수가 누구인가? 라는 질문을 던지고 요한과 함께 예수를 알아가고 탐색하는 일은 끝이 아니라 시작입니다. 하나님은 하나님의 자녀인 우리가 지금 여기 이 땅에 이미 시작한 하나님 나라를 마음껏 받아들이고 누리며 살아가길 바라십니다. 이 낯설고 당혹스러운 세상에서 예수가 누구인지 질문하고 예수를 알아가고 질문에 대답할 때 이 땅에서 하나님 나라를 마음껏 누리고 살아가는 길은 활짝 열릴 것입니다.

강조해서 말씀드리지만, 예수를 만나고 알아가는 가장 좋은 길은 말씀을 읽고 묵상하고 공부하고 연구하는 것입니다. 요한이 제시한 일곱 가지 표지판을 따라 예수를 찾고 탐색하는 것은 아주 좋은 시작일 것입니다. 이 책을 안내견 삼아 예수께로 더 깊이 들어가 보시는 것도 나쁘지 않은 선택이라고 생각합니다. 소그룹으로 함께 읽으면서 요한이 제시한 일곱 가지 표지판을 통해 예수를 탐색해 가고, 내가 만난 예수를 이야기하고 나눈다면 예수를 아는 지식은 더 풍성해질 것입니다. 친절한 안내자인 요한의 안내를 따라가거나, 아니면 투박한 안내견의 역할을 자처하는 이 책을 따라 예수를 탐색하고, 예수를 알아가길 기대합니다.

성경은 예수를 가리키는 책입니다(요 5:39). 성경을 읽고 묵상하고 연구할 때 예수를 더 깊이 만나고 알아가고, 예수를 아는 지식이 날마다 자라갈 것입니다. 하나님의 말씀인 성경을 소중하게 생각하고, 가까이합시다. 성경을 읽고 연구하면서 예수를 더 깊이 알아갑시다. 어떤 삶을 상상하시든 그보다 더 멋지고 풍성한 삶을 살아갈 것입니다. 이 작은 책이 예수가 누구인지 조금 더 알아가고, 그분을 탐색하는 여정에 길잡이와 같은 역할을 할 수 있다면 더없는 영광일 것입니다.

저에게 있어서 책을 쓰는 일은 가족의 배려와 헌신이 없으면 불가능한 일입니다. 워낙 무딘 성격에 한 번 앉으면 생각한 지점까지 마무리하는 미련한 곰 같은 성향이 있습니다. 글을 쓸 수 있도록 끝까지 인내하며 기다려줄 뿐 아니라 시시때때로 친절하고 따뜻한 격려로 지지해 준 아내 한나에게 감사와 사랑의 마음과 미안한 마음을 전합니다. 아들 유건이와 딸 유은이와 나누는 즐거운 대화와 소복소복 함께 쌓아온 따뜻한 시간이 저의 내면에 오롯이 녹아 있습니다. 이 책에서 발견할 수 있는 따뜻함이 있다면 그것은 제 것이 아니라 자녀들에게서 빌려온 것이 분명합니다. 지면을 통해 유건이와 유은이에게 사랑의 마음을 건네고 싶습니다. 어리숙한 저자를 친절하게 대해주시고, 좋은 책으로 만들어 주신 드림북 민상기 대표님께도 감사의 마음 전합니다.

무엇보다 저의 모든 순간을 붙드시고 함께 걸어주시는 하나님 아버지께 모든 영광과 감사를 돌려드립니다. 하나님이 하셨습니다. 이 말에 담긴 의미는 오직 하나님만 아실 것입니다. 하나님 고맙습니다. 하나님 사랑합니다.

저자 지혁철

참고 도서

국내 저자

김기석.《말씀의 빛 속을 거닐다》(꽃자리)

김민석.《요한복음 뒷조사》(새물결플러스)

김세윤.《요한복음 강해》(두란노)

김영봉.《이 성전을 허물라》(복있는사람)

김홍전.《예수님의 행적》1~10 (성약출판사)

김회권.《하나님 나라 신학으로 읽는 요한복음》(복있는사람)

노진준.《읽는 설교 요한복음》1~3 (죠이북스)

류응렬.《나의 사랑하는 책 창세기》(성서유니온)

박대영.《예수님을 알아가는 요한복음》(두란노)

　　　.《예수님을 닮아가는 요한복음》(두란노)

　　　.《예수님을 따라가는 요한복음》(두란노)

유상섭.《설교를 돕는 분석 요한복음》(규장)

이강택.《요한복음 묵상》(감은사)

한병수.《요한복음에 반하다》(도서출판 다함)

해외 저자

레슬린 뉴비긴 / 홍병룡 역. 《레슬리 뉴비긴의 요한복음 강해》
  (IVP)

리처드 보컴 / 문우일 역. 《요한복음 새롭게 보기》 (새물결플러스)

아더 핑크. 《아더 핑크 요한복음 강해》 (CH북스)

존 오트버그 / 윤종석 역. 《예수는 누구인가?》 (두란노)

존 프록토 / 김경민 역. 《요한복음의 예수》

팀 켈러 / 윤종석 역. 《팀 켈러의 인생질문》 (두란노)

  / 정성묵 역. 《팀 켈러의 왕의 십자가》 (두란노)

해롤드 W. 애트리지 / 김경민 역. 《요한복음 강연》 (감은사)

주석

게리 버지 / 김병국 역. 《NIV 적용주석 요한복음》 (솔로몬)

D. A. 카슨 / 박문재 역. 《PNTC 주석 시리즈 요한복음》 (솔로몬)

매튜 풀 / 박문재. 《매튜 풀 청교도 성경주석 16: 요한복음》 (CH
  북스)

목회와 신학 편집부 편. 《두란노 HOW 주석-37 요한복음 어떻
  게 설교할 것인가》 (두란노아카데미)

버슬리 머리 / 이덕신 역. 《WBC 성경주석시리즈 36: 요한복

음》(솔로몬)

브루스 밀른 / 정옥배 역.《BTS 성경강해 시리즈 요한복음》(IVP)

에드윈 블룸 / 임성빈 역.《BKC 강해주석-22 요한복음》(두란노)

제임스 던 편/ 마틴 스콧, 크리스토퍼 터킷 / 이철민, 홍성수 역.
《IVP 성경비평주석 요한복음》(IVP)

제임스 해밀턴 / 박문재 역.《ESV 성경 해설 주석 요한복음》(
국제제자훈련원)

케네사 O. 갱글 / 정현 역.《Main Idea로 푸는 요한복음》(디모데)

크레이크 S. 키너 / 이옥용 역.《키너 요한복음》1~3 (CLC)

톰 라이트 / 이철민.《모든 사람을 위한 요한복음》1, 2 (IVP)

미주

1) 김영봉, 《이 성전을 허물라》 (서울: 복 있는 사람, 2011),
    40-41.
2) 데이빗 E. 홀베르다, 《요한복음》 류호준 역 (서울:
    기독교문서선교회, 1994), 41.
3) 김홍전, 《예수님의 행적 3》 (서울: 성약, 2002), 197-203.
4) 유상섭, 《설교를 돕는 분석 요한복음》 (서울: 규장, 1999),
    127-128.
5) 데이빗 E. 홀베르다, 《요한복음》 류호준 역, 68.
6) 브루스 K. 월키, 캐시 J. 프레드릭스, 《창세기 주석》 김경열
    역 (서울: 새물결플러스, 2018), 161.
7) 류응렬, 《나의 사랑하는 책 창세기》 (서울: 성서유니온,
    2014), 116. 류응렬 목사는 땅이 가시덤불과 엉겅퀴를
    내어 사람들의 고통을 더했다고 말한다. 지진과 해일,
    추위와 더위로 사람이 죽는 것과 비가 많이 와서
    우울증으로 죽는 것과 일사병으로 죽는 것 등 자연의
    역기능을 가시와 엉겅퀴로 본다.
8) 데이빗 E. 홀베르다, 《요한복음》 류호준 역, 79-80.
9) 김홍전, 《예수님의 행적 4》 (서울: 성약, 2004), 78.
10) 김홍전, 《예수님의 행적 4》 91. 김홍전은 이 이적을
    강론하면서 예수님은 누구신가를 알고, 예수님은 이
    세상에 무엇을 하러 오셨는가를 알아야 하며, 예수님이
    지금 준비하시고 앞으로 경영하실 일과 내용이 무엇인가를
    알아야 한다고 말했다.
11) 김홍전, 《예수님의 행적 6》 (서울: 성약, 2003), 122.
12) 같은 책, 121.
13) 같은 책, 124.
14) 필립 얀시, 《예수님이 읽으신 성경》 전의우 역(서울: IVP,
    2010), 224.
15) 김동문, 《오감으로 성경 읽기》 (서울: 포이에마, 2019),
    277.
16) 유상섭, 《설교를 돕는 분석 요한복음》 (서울: 규장, 1999),
    250.
17) 같은 책, 260.

일곱 가지 이적을 통해 만나는 예수

초판 1쇄 발행 2025년 3월 25일

지은이 지혁철
펴낸이 민상기
편집장 이숙희
디자인 민경훈

펴낸곳 도서출판 드림북
인쇄소 예림인쇄 **제책** 예림바운딩
총판 하늘유통

·**등록번호** 제 65 호 **등록일자** 2002. 11. 25.
·경기도 양주시 광적면 부흥로 847 경기벤처센터 220호
·Tel (031)829-7722, Fax(031)829-7723